廖氏家傳玄命風水學（二）——玄空斗秘篇

廖民生　著

心一堂當代術數文庫　堪輿類

書名：廖氏家傳玄命風水學（二）——玄空斗秘篇
系列：心一堂當代術數文庫 · 堪輿類
作者：廖民生
新加坡弟子李霖生畫圖
廣州弟子李金榮整理校正
責任編輯：陳劍聰

出版：心一堂有限公司
地址（門市）：香港九龍旺角西洋菜街南街5號好望角大廈1003室
電話號碼：(852)6715-0840
網址：publish.sunyata.cc
電郵：sunyatabook@gmail.com
網上書店http://book.sunyata.cc
網上論壇http://bbs.sunyata.cc/

版次：二零一六年十一月初版

平裝

定價：港幣　一百二十八元正
新台幣　五百五十八元正

國際書號　978-988-8317-31-8

香港及海外發行：香港聯合書刊物流有限公司
香港新界大埔汀麗路36號中華商務印刷大廈3樓
電話號碼：(852)2150-2100
傳真號碼：(852)2407-3062
電郵：info@suplogistics.com.hk

台灣發行：秀威資訊科技股份有限公司
地址：台灣台北市內湖區瑞光路七十六巷六十五號一樓
電話號碼：(886)2796-3638
傳真號碼：(886)2796-1377
網絡書店：www.govbooks.com.tw

中國大陸發行 零售：心一堂書店
深圳地址：中國深圳羅湖立新路六號東門博雅負一層零零八號
電話號碼：(86)0755-82224934
北京地址：中國北京東城區雍和宮大街四十號
心一堂官方淘寶：sunyatacc.taobao.com/

目錄

第一章　玄命風水羅庚注解

三合羅庚

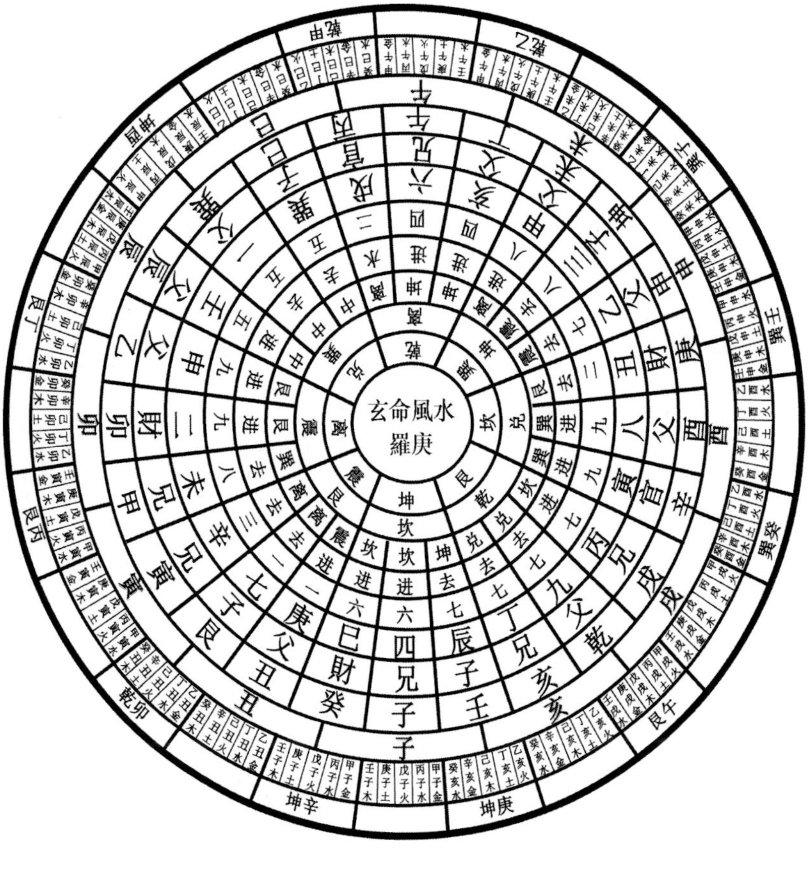

三合羅庚：本門三合羅庚與市面上的三合羅庚不同，市面上的三合羅庚是由多代人添加而成，本門三合羅庚是由本門獨傳，一直保留至今都未經任何修改和添加，保留着開山祖師所傳的原貌，有多種訣法合並而成，所以稱為三合羅庚。

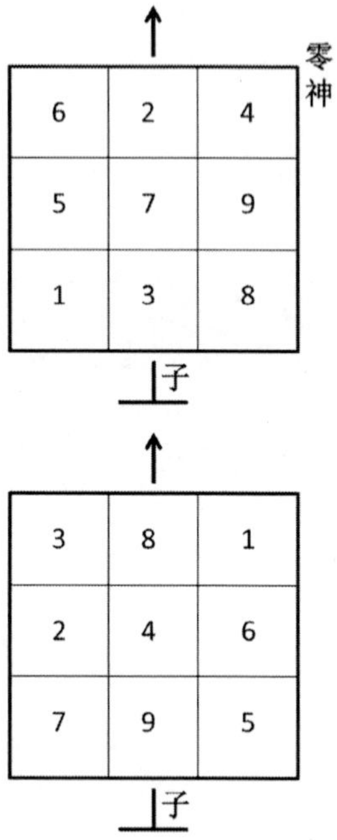

第一層，二層：

先天八卦與後天八卦互相顛倒互用，即先天見後天與後天見先天，陰與陽，陽與陰，互用之，如龍的先天來龍後天結穴，與後天來龍結先天穴，即如先天離龍從東方來，轉坐後天離結穴，與後天離方來龍，結先天離方穴，此為穴法之用，餘仿此。先天穴與後天來水，與後天坎穴見先天來水，如先天坎穴見後天坎方來水與後天穴見先天坎水此為變局之陰陽相配用，知先天與後天之變用之顛倒，來龍配坐山，坐山配來水，即名地理之來源，變化後用，風水之理都在一雙八卦之中。

第三層：斗秘零神借宮水法

玄空水法，當運星的最後一位是零神，即一運二為零神，斗步到二為零神上穴主速發富，但有的當前沒有就要到旁邊去借，例如七運，坐子山午向。

子山午向，現七運零神為八白，即量九步或九百步不見水即零神水不上堂，如見坤方有水即可借用，飛星四到坤方。

見坤方有水即可借用，飛星四到坤萬，以四綠入中，八白飛星到向，此可借用坤方水為用，也有零神水上堂是效果，但只能用一運，出遠不貴，餘仿此。

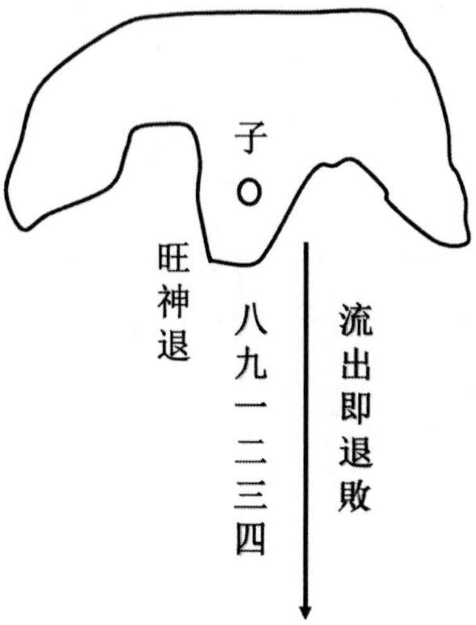
流出即退敗
八九一二三四
旺神退
子

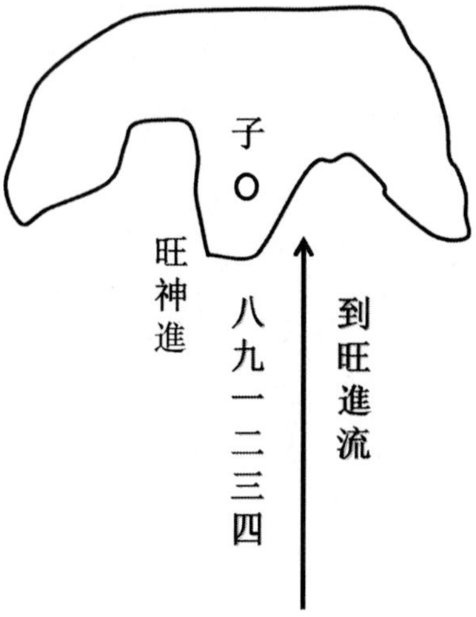
到旺進流
八九一二三四
旺神進
子

第四層：二十四山顛倒火坑珠寶訣

斗秘法以坐山陰陽五行起順逆，陽用順佈陰用逆飛，坐山屬陽順佈飛星，屬陰逆佈飛星，斗秘法以旺神逆來為進主大吉，衰神逆來即凶到，但順去即也旺，但旺神流去即主退敗，以正神與零神為當旺，以六，五過去者為衰神，如反用即主凶，此訣的用法是以穴前的流水而斷。穴前面的流水主要有兩種一種是穴前順流出去的，另一種是逆水來潮，以坐山屬陰的配逆來水者為旺神進大吉，屬陰的坐山配順水流出為旺神流破主退，坐山屬陽的配順水流出為衰神流去，主吉，但坐山屬陽的配逆水來潮為凶神即至此為顛倒五行斗秘訣。

第五層：

此層是排龍訣的內容，因本門排龍訣早就流失，但考證從古籍中也有很近似的內容，與無極子傳蔣大鴻先生的挨星訣也差不多，很可能也是同一源流的，把這層完整供出來，是為了有志風水的根源時作參考的依據。據我多的驗證，現在已有了一點眉目，但也未能全通，主要是根據來龍的轉向配來水的轉向，絕對多數的有名山墳都合此訣，這可由大家去考證。

第六層：鎮山訣法

第七層：二十四先天伏位訣

二十四山向一山伏一位六親，即財，官，子，兄，父，這一先天六親對這一坐山向有一定的作用，幫助斷一些簡單的風水有一定的參考價值，但來歷出自何處，我也不得而知，可能出自六十四卦，如想考證來源的朋友可從這方面入手。

第八層：二十四山定位

羅庚，古傳主用十二地支，後祖師添加天干四維而成二十四山。二十四山陰陽屬性分正五行陰陽與斗秘陰陽屬性兩種，正五行陰陽即玄關訣法的羅庚所列的陰陽屬性，與三合羅庚，黑字為陽，其餘的為陰，二十四山是羅庚的中心點，用來量山的主要依據。

第九層：流年十二太歲值方

這一層是十二地支每年所到的方位，子年太歲到子歲方，斷流年時就看子方位的物應，應吉斷吉，應凶即流年凶，是以運卦配合為用的，一般用來斷近年的凶吉，因砂貌是不斷變化的，除了一此山區的地方地貌很少變化外，其餘如城市則是三年一小變十年一大變，用來推斷過長時間的風水不一定準，但用來斷定近幾年的風水是不可缺少的依據。

第十層：六十甲子分金

分金之法：主要是風水中的一種平衡，一種扶補的用法。弱者用扶補，也是風水中的房份平衡法，用生人比和為旺補，可入可出為傷房份，生出主離鄉，也是一種操縱房份的方法。

第十一層：玄關訣

主要是定出玄關位，配成甲子法四十八局與先天八卦，後天八卦以及八千四維互倒成二十四局，合為七十二局的玄關訣。

第二章　二十四先天伏位

十四山伏位為是根據六爻的財，官，子，父，兄來推斷，分一個坐山各伏一位，用來判斷陰宅和陽宅的凶宅，是斷風水的一步斷發，主要應用在一此較為複雜的地方作推斷，或作簡單推斷。

壬山伏子　丑山伏父
子山伏兄　艮山伏子
癸山伏財　寅山伏兄
甲山伏兄　辰山伏父
卯山伏財　巽山伏父
乙山伏父　巳山伏子
丙山伏官　未山伏父
午山伏兄　坤山伏子
丁山伏父　申山伏父

庚山伏財　戌山伏兄
酉山伏父　乾山伏父
辛山伏官　亥山伏父

子孫：吉時，後代昌盛，財源好，但做官少。凶時，父母短壽；兄弟：吉時，人口眾多，人強，有利於做官。凶時，貧窮口舌，是非多；妻財：吉時，財源好，老婆多。凶時，子息稀少，體弱多病；父母：吉時，是文昌地，利文學，做官。凶時，吉的極少；官鬼：丙山與山是伏官鬼，絕大多是凶的，吉的極少，大多是災害或疾病等鬼怪事，我們給別人開地建屋或做山墳時，勿立這兩座山的向為好。

例一：二零零零年，和一位朋友交談時，談到他在工作的酒樓，是新會市的寶恆山，是坐辛向乙時，叫我斷一下風水如何，正要畫圖時，我斷定此樓有官非，事實未開張就與別人大起官司來。例二：二零零零年，劉某請去斷其母親的山墳，此山墳是在一個群體的墓地，是亂墳地，甲玄關法斷比較難，我就開羅庚量一下山墳是坐丑向未，我即斷其山墳後代是比較辛勞的，求財難，即斷準了。再回來的時候他又指了一個山墳叫我斷，是坐癸向丁，我說此山墳後代還算有錢，又被說中。

解：因例一辛山是伏官鬼，大多數來講這樣的住宅應是病痛多或是災害多，但做生意的應是官非多或意外事件多。例二，丑山是父母，即為辛勞地，癸山是伏財，應財比較好，但我斷的時候還參考了石碑的氣色來斷，癸山墳的氣色較好，如我們在做山墳時，有的人也先看幾個地方，看哪個好就用哪個地方，有時兩個都差不多，就難以選定，用哪一個好，如一個是丑山，一個是癸山，如想求財為主就用癸山，如想才學好就用丑山，別看二十四山伏位簡單，但他的用途非常大，可以來斷風水，也可以用來擇地，和選穴。

第三章　論氣線穴法

現在很多人學風水大多從書本上講理氣，那些實際上的依據也不知道是什麼東西，近來與很多習風水的易友交談，但講到氣線時很多人並不知道是什麼，所以在增加氣線一章。氣線也是地理風水建築的主要依據之一，是點穴與擇地不可缺少的基本功。尋找氣線有兩種方法，一種是根據地理的外形象征來尋找，另一種是橫切氣法尋找，如能互相結合是最佳方式。

方法一：氣線分干氣線與支氣線加小氣線三種，山龍從祖宗山起伏游來走動的連線干氣線，再分的支龍游走的氣線為之支氣線，之龍的每一節入首蓄氣的地方，入首再起一星晨，此星辰再分出的小山脈為小氣線，干氣線會結的地方為村莊，小氣線會結地方是陰宅穴位或住宅，我們一般用的是之氣線與小氣線兩種。小氣線主要是根據以下幾特點來尋找的。

一：最明顯的是在山中的細小山脈出現周困平，中間凸起如蛇行走的為氣線，氣線止處，即消失處即可點穴。

二：泥土質山，如出現斷斷續續的石脈，此為氣線，到石止即可點穴。

三：石質山，如出明顯的相連的石脈，石脈從大到小，在停止處有土即可點穴，如石脈從小到大是餘氣不是氣線。

四：一般平圓的山沒有明顯的凹凸來找氣線，可從雨天雨水的走向尋找，如雨水兩邊分開，中間的為氣線。

五：龍的到頭入首處，起一細小穴星，此用穿心氣線。如右圖：

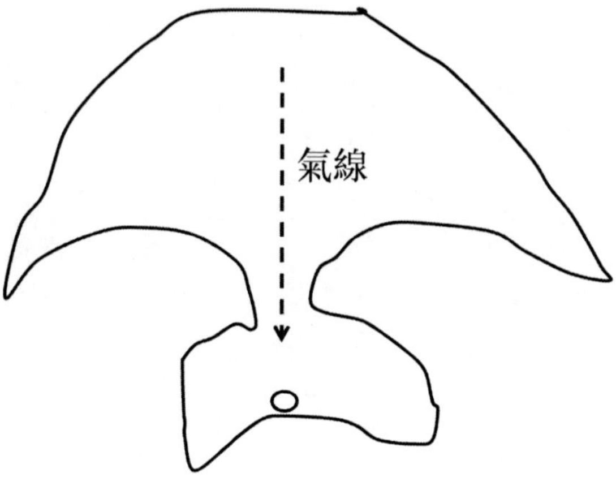

注：一般古代的帝王將相等達官貴人的墳墓或住宅大多用此穿心氣線法點穴現代較為少用。

六：在平洋地方，也是根據水的流向，兩水左右分流，左邊的水不過右邊，右邊不能流過左邊的，到兩水合流的前方即可點穴。

七：山中，兩邊土微高，中間微凸的行線，到止處，即可點穴，注意此法誤人多，用時小心氣線的真假。如有真氣線人穴，此穴必吸，後人必會獲福，陽宅也是同一道理，一個村莊，建在氣線上的房屋，最能獲福，但陽宅的氣線不像陰宅的氣線一般會結一村莊的氣線是支氣線比結穴的氣線大，一般都是如地行，外表不易露形，需要橫切氣線法，其實也根據地眼氣的原理來尋找，也是在冬至後最佳，在晚上近子時的時候，溫度約在十度以下較好，在來龍入首起一星辰後，不知氣線在哪一方位上，先從遠點的地方走來，突然感到有一股溫氣流過處，此為氣線經過的地方，因此時四週圍比較冷，但有氣線過的地方是暖的所以從冷到暖最容易感覺到，如果靜止不動去感覺，很難找到，學會此法後會感到為什麼差不多的地方，有氣線的暖的，沒有的是寒冷的如果單單從外形中去尋找，但很多是假形假象，如能兩者互相結合，那麼山中的福地，盡歸你來用的。

第四章　先後天秘斷

廖氏家傳玄命風水學（一），已學過運卦斷風水法，起卦來推斷風水，斷得也比較詳細，但不足之外是推的應驗時間較短，因其結合每個方位的環境來推斷，但實際地理的環境是不斷變化的，如比較發達地方，地理週圍的環境三年一小變，十年一大變，所以用運卦來斷陽宅或凶宅的吉凶，推斷的時間越短越應驗，推算的時間越長應驗率也相對越低，如陰宅一般下葬的時間較長，少則十來年，多則也是有百年以上，但去觀風水時，也不只推當元的運氣，也要推算上幾個運的情況如何，就算你單用六爻原理去推算，應驗率也相對降低，有時候去觀陰宅風水，根本也不用去細斷，只要你大概講述一下此墳的情況，主家就會很滿意，如一年一年去推，就算讓你準了七成，有三成不準，人家也認為你的水平很一般。陽宅一般建造的時間較短，住宅舊了就去重修，所以用運卦去推算，當元的情況就足夠了，除了一些鄉野的古宅住宅，或在鄉間的祖居，斷這些與祖居和陰宅的大概情況，就要明本章的先後天八卦，五行分局，來粗斷總一局的情況。

訣曰：「二十四山分順逆，共成四十有八局，五行即在此中分，祖宗卻從陰陽出，陽從左邊團團轉，陰從右邊轉相通，有人識得陰陽者，何從大地不相通。」

訣曰：「二十四山分五方，知得榮枯死與生。」

以上兩句口訣都出自於青囊經，不論做風水與觀風水都要先排出五行局，分出財、官、子、父、兄五方的位置，了解此局的大概情況，先佈五行局，是以先天八卦與後天八卦互通立局的，如做山在壬子癸三方，在先天的坤卦與後天的坎卦中，如見到後天坤方相通即有水或通氣，即為坤土局坎為妻財，離為父母，乾與兌都為子息方，震巽木官鬼方，艮土為兄弟方。如見到庚酉辛方通即升水局，乾兌為父母，離為妻財，坤艮為官鬼，震巽方為子息，坎水方為兄弟方。餘卦也倣此。

壬　見庚酉辛方通為坎水局　　丑　見甲卯乙方通為震木局

子　　艮

癸　見未坤申方通為坤土局　　寅　見戌乾亥方通為艮土局

甲　見丑艮寅方通為震木局　　丙　見戌乾亥方通為乾金局

卯　　　　　　　　　　　　　午

乙　見丙午丁方通為離火局　　丁　見甲卯乙方通為離火局

未　見壬子癸方通為坤土局　　庚　見辰巽巳方通為兌金局

坤　　　　　　　　　　　　　酉

申　見辰巽巳方通為巽木局　　辛　見壬子癸方通為坎水局

戌　見丙午丁方通為乾金局

乾

亥　見丑艮寅方通為艮土局

以上一卦含三山，一座山分先天一局，後天一局共成四十有八局，此為坐山陰配通氣或水為陽，一陰一陽成夫妻相配之理。當分出五行局，以本局五行為主，剋者為妻財，生者為子息，比和為兄弟，生我者為父母，可我者為官鬼。

父母方：最宜高大來生為最強，大小山峰來照總相宜，最怕平地與流水，陽宅怕門從父母方出入凶，父母方為生我之神，不論陰宅與陽宅，此方山峰高大建築物來生，此宅人富貴，陰陽宅見父母方為地或流水和陽宅門，從父母方出入凶，主父母短壽，自身弱多病，勞苦。

財妻方：次方最宜高大，越高大越富有，不論山峰大小來照都相宜，最怕平地與流水，陽宅門從財方入最相宜，財源如流水不間斷，此方低小或為平地，主窮困，破則夫妻不睦，山峰多有探頭，多妻多財。橫來偏財到。

子息方：次方最宜平地與小峰，低小最宜，高大為盜氣，子孫短壽，陽宅為子孫位出入利人口。

兄弟方：次方最宜比自山低小點，不宜比自己高大，過高大盜我妻財之氣，見破為破財，兄弟有損，妻被人吸去。也不宜平地與流水，平地自己獨，流水失兄弟，陽宅門不宜從兄弟方出入為失財。

官鬼方：次方最宜低小與平地與流水，低小也無妨，最怕高大兼帶坡，陽宅次方不宜門從官鬼方出入否則疾病與官非多。

先分出五行局，再分取財、官、父、兄、子五方的分居位置，再論分方的吉凶。

如論財，先根據本地的經濟情況來論，如此地方經濟較好可定在拾萬到百萬左右，就可根據財方山峰的大小來論，如財方有探頭山，可斷此陽宅或陰宅，後人多有二奶即

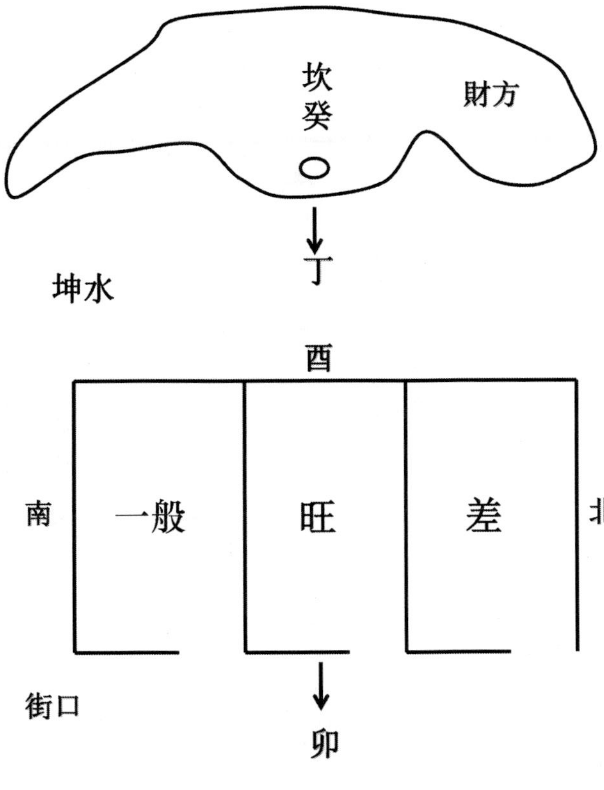

小老婆，比較好色，如有數個峰，其主有幾分收入；如平地，經濟不好，其餘也仿此來推斷。此法簡單，有靈驗，只要學會後大膽去推斷，事後做求證。不用兩年功夫就能靈活變用了，方法是師傅點的，以後變通就要看自己。

例一：陰宅，九八年，謝某請去觀其父母墳的風水坐癸向丁。此局坤方有水，立坤土局，坐的坎方為財，我事先已知他是做生意的，我斷此墳較好，發財能有百來萬，再多也比較困難，他連稱準。事實，他做生意二十多年，前十年就有百多萬，以後是賺些財退些財，都在這個範圍上落。

解：我只要是開羅庚後見玄關通，與石碑的氣色較好，與坐的穴星山不高大小，根據當地人大多數情況去推斷的錢財多少。

例二：陽宅，黃某，開時裝店，做酉山卯向，此店，見街口在巽方，成兌金局，門從卯乙方進，為門開在財方，主錢財如流水，我斷此店生意很好一店主講，此店開張半年，做生意很旺，左邊一間最差，右邊街口的一間生意也一般，自己雖在中間，但生意最旺。

解：三間店都是坐酉向的，左邊的一間巽方通得最差，街口的一間，但兼雜了其他方位雜氣，不如中間的一間，玄關於巽方從一個卦位通進來的。

第五章　變爻換象

大家都知道，當陰宅或陽宅風水出現了問題，就要調解，廖氏家傳玄命風水學（一）比較詳細介紹了出現什麼問題，如何調解的方法，如陽宅夫妻久住難得子，應擇子些子日子來修整子孫方，當修整後如何才能見效，如何斷調風水後如何才應驗，這就是本章要講的問題。

到向的飛星與陽宅門口的方位來配成的卦象，陰宅是以墓前明堂的流水去的方位為下卦，上卦兩者都是用當運的飛星中佈到向的飛星為上卦，配成運卦，運卦是包含了整座住宅或山墳的整體情況，如果遇到財弱，要修財方，修好後何時才見效？如用運卦的財爻去推斷，由於條件局限很難算的準，不論幫別人調風水或自己調，調好後，當然會問你什麼時候見效，未能學會本章的內容也很難回答。變爻換象，是以運卦的六親爻為中心，在變化出一卦。

來斷應期，是以使用的方法為下卦，在以宅的向上飛星為坎上卦配成一變卦，例如：一陽宅，得出運卦為坎卦。

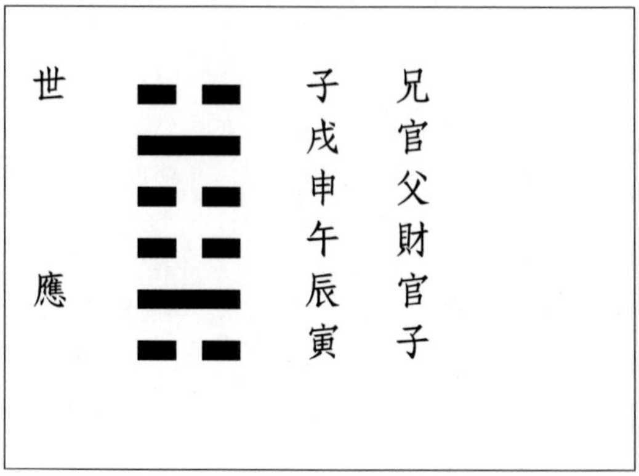

【坎卦】

如：家中常發生口舌是非，應修兄弟方，兄弟方在坎方，以坎為下卦，以到向的一白飛星坎卦為上卦，此宅變兄弟卦為坎卦。

如：家中人有暗疾，應修官鬼方，官鬼為土，辰戌丑未都為官鬼方，如戌有凶物割傷，修戌方，以乾方為下卦，向上一白坎為一上卦。

此宅變官鬼卦為水天需卦。

如：家中人財差，應修財方，財方在離為下卦，一白坎卦為上卦，得此宅變財卦為水火既濟卦。

如：家中子孫稀少，應修子孫方，子孫方在寅位，以艮為下卦，一白坎卦為上卦，此宅變子孫卦為山蹇卦。

如：家中人口，文學差，應修父母方，父母申在卦上，以坤為下卦，一白坎卦為上卦，此宅變父母卦為水地卦。其餘的運卦仿此來變卦斷之。但取下卦時，如運卦為木為財，而震巽艮三卦都有木，不知取哪一個方位為下卦，此時主要根據住宅或墳墓的實際情況，看主要原因出在哪一個方位上，就修哪一個方位，就用這個方位的後天卦為內卦，配成變卦。

當得出變爻卦後，就可以斷應期了，主要是以應爻來斷應期的。

（一）原方位是旺，應期可斷在時或日上，例家中有人要升學高考，在父母方作一點小調整來幫助高考，應為原來父母方位已經旺。現在是作推助，所以述應。又家中人是做生意，在財方作一點調整來推財，因為原來財位已經旺，現時是推助，應速以時或日來斷。

（二）原來方位是弱或凶時，應期是以月或年來應，因為原來方位不吉，聚氣了氣，修改後用吉氣去沖散衰氣，是需要一定的時間。所以應期遲些。蔣大鴻先生講過：「新葬新骨天靈全，入地福來快，惡山凶水曾此理，改葬吉地氣方轉，方見福來遲。」

調整風水時，調解財、父、子、兄這幾個方位大多是以變卦的應爻的三合或六合來斷應期的，調解官鬼方位時，大多是以沖應爻的時、日、月來斷應期的，一些特殊的調解可參考六爻卦的斷法，不單是調風水是用變爻卦，相風水時也可變出各變卦來，推一些較細微的事。

例一、九九年四月份、陳某請去觀其住宅風水，宅坐辛向乙，門在離方，現下元七運。飛星五到向，以伏位震為上卦。門在離方，以離為下卦。

	6	2	4	
乙←	5	7	9	┤辛
	1	3	8	

【坐辛向乙】

配得運卦為雷火豐

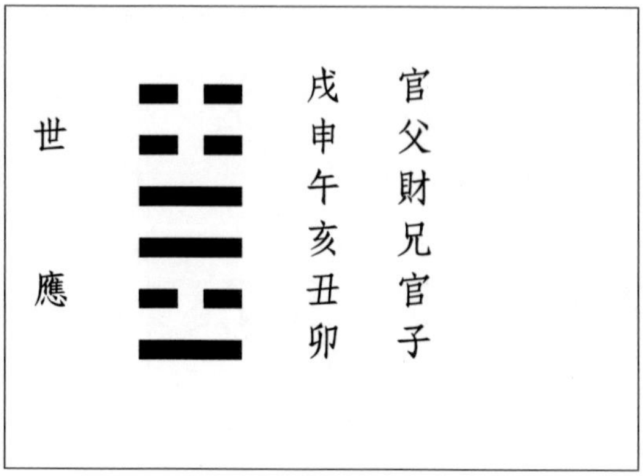

【雷火豐卦】

斷：此宅父母特世，家中人文才較好，再加上午方為財，又逢門進，應財運不錯，在觀廁所在子方，裡面掛了一面很大的照身鏡，對着午方來，雖有牆阻隔，但也為凶論，斷口角是非多，屋主稱是，有時甚至動武。

我擇巳火日叫屋主把鏡除去後，因為時已為巳火月，我斷轉過今年就好運，事實除去鏡後，慢慢好轉過來，過年以後，基本沒常發生口角是非。

解：此屋主要原因在兄弟方，擇巳火日沖走鏡後，再看變出的兄弟變爻卦，應爻為子，三合因水過旺剋火，所以斷丑月應，子丑合土。

例二：二零零零年三月，黃某請觀山墳，坐壬山丙向水口在震方，現下元七運。

二黑坤到向為上卦。

丙
↑

6	2	4
5	7	9
1	3	8

⊥
壬

水口在震以震為下卦。

得運卦為地雷復卦。

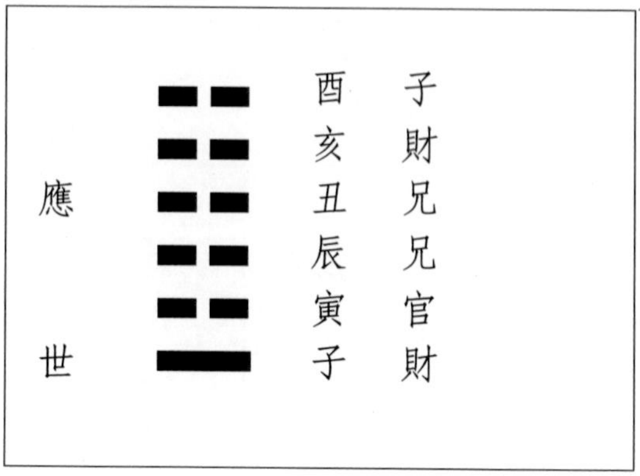

【地雷復卦】

此墳很明顯，右邊兌方有惡石破，不利子孫，實不利小口女孫。我擇酉日叫墳主，立一塊泰山石敢當在墳的右邊，對向破石，我當時斷六月為月就見效，但實際見效甚微，到今年寅月才實際見效。

解：子孫變卦，亥水為應爻，三合亥卯未，六合亥寅，可斷未月亥月和寅月，我選是未月，但實際為寅月，木旺之時，金衰才見效。

第六章　六十甲子分金法

二十四山，每一座山分居五子，共合成一百二十分金，每一分金佔三度，當建造住宅或山墳時，坐線在那一分金上就是用這個分金。但有的門派是講兼向，其實也是分金之用，本屬同一理。如坐子山午向，用丙子分金，即坐子兼壬，當立線偏近那一邊，就是兼那邊的坐山，但是沒有丙子分金兼癸的，當用庚子或壬子分金時，就算兼癸為用，兼向與分金是同一種用發，只是門派不同說法各異罷了。到目前為止市面上未有一種資料詳細講明六十甲子分金用法，有也是輕描淡寫。現時各門派的分金用法都不一樣，到底誰是誰非，我也很難下結論，主要靠自己用過才知。其中最為流行而多人用的是三合派分金法，我現在先談談較為準確的三合派分金法如何應用，三合派的分金，沒一座山只用兩個分金，一般三合羅庚上都標明，如下圖：

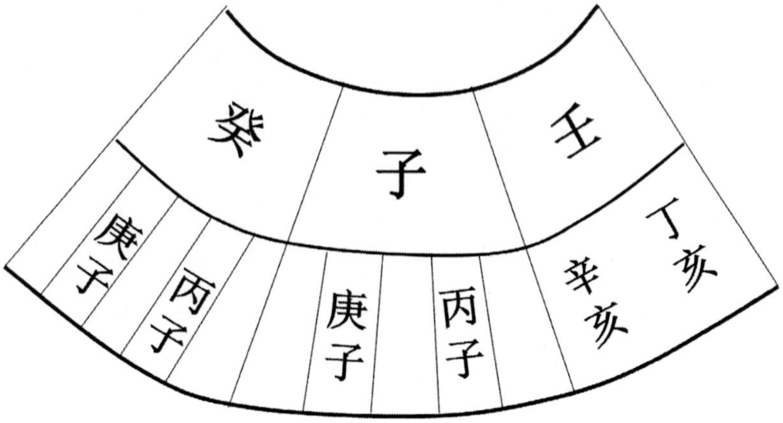
癸
子
壬
庚子
丙子
庚子
丙子
辛亥
丁亥

如子山只用丙子與庚子分金，是用一左一右，不用中間和兩邊的分金，其餘的也仿此。

因為按風水理論來講房份是左為一四七房，右為三六九房，中間為二五八房，即左青龍為長房右白虎為次居，中間明堂與案山為中房，如下圖：

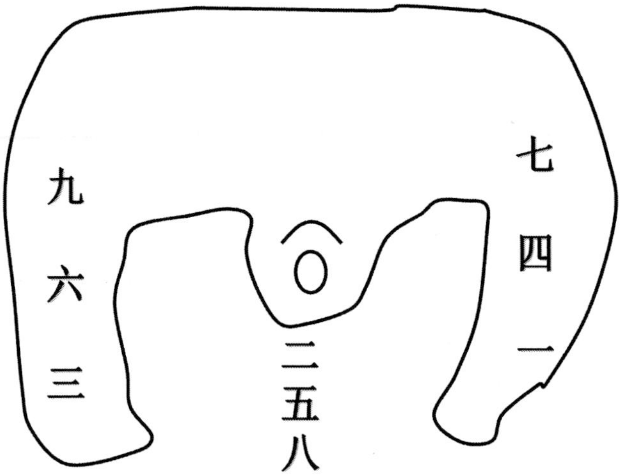

如用中間的分金，中房明顯全佔，用左邊或右邊都偏房兼偏近他山氣雜不純，就主用左和右的兩個分金，當我們修墳或建宅都先看地局青龍方和白虎方，看哪邊最好，如坐子山午向的陰宅，如水都聚到左邊或右邊比較秀麗，即地局利長房把氣全佔，二房與三方都會有不同程度損傷，就應用左邊的分金，俗話講是分點氣給次房那邊，即右邊好就用左邊的分金，左邊好就用甩右邊的分金，此就是三合派的分金法理論。下面我詳細介紹本門的分金用法，大家就知道，其實三合派的分金法是本門分金法的一部分，都是同一流的。分金法其實是一種平衡原理，地理的造化是沒有絕對的平衡，如何使其實是一種平衡就是分金法的應用。日常我們給人評風水時，都講看封左邊比右邊好時，都認為長房好，次房差，中間好即明堂和案山好就認為中房好，這個道理是風水不變的道理，如何使其平衡就算分金法的應用。分金法，主要是應用在修山墳，現代的住宅絕大多數是政府規劃建設的，坐向並不是隨意立的，只有在修山墳才用得上分金法。在觀陽宅風水下羅庚因為受環境影響，也難測量出是何分金，一些不規則的陰宅也難測量出何分金，再觀風水時，分金法一般是作參考，不能作為斷風水的主要依據，主要在建山墳時或一些可隨意立向的住宅才能運用。本門風水的分金法是用玄關點的五行納音與六十甲子分金的納音，來作比較衡量的，取互相比和與相生的，不用相剋的，二十四坐山，按照周天三百六十度算，沒一座山為十五度，每一分金佔三度，沒一座山成三等份，即五度，為一個房份，如下圖，餘仿此。

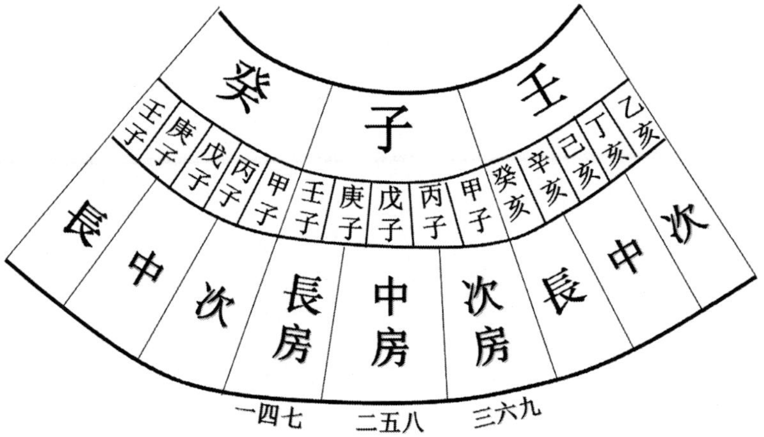

由上圖可看到甲子為次房，丙子前二度為次房，後一度為中房，戊子全為中房，庚子前一度為中房，後二度為長房，壬子全為長房。玄關點與分金納音，得比和為旺相大吉，生入為進大吉，剋入為災到凶，剋出為凶死在外，生出退敗或他方成家吉凶各半。

例一、子山向午，玄關點主有在甲、丙、庚、壬四局才合地命法合局吉。當玄關在甲方時，甲為木，再看地局如何，一般情況是玄關的那邊較好，但也不是絕對的，實際應用時也要分清楚。

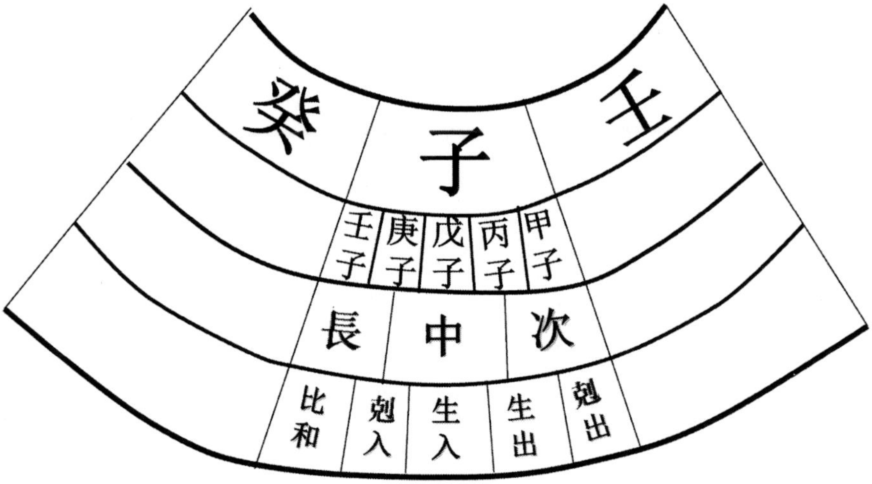

癸
子
壬
壬子
庚子
戊子
丙子
甲子
長
中
次
比和
剋入
生入
生出
剋出

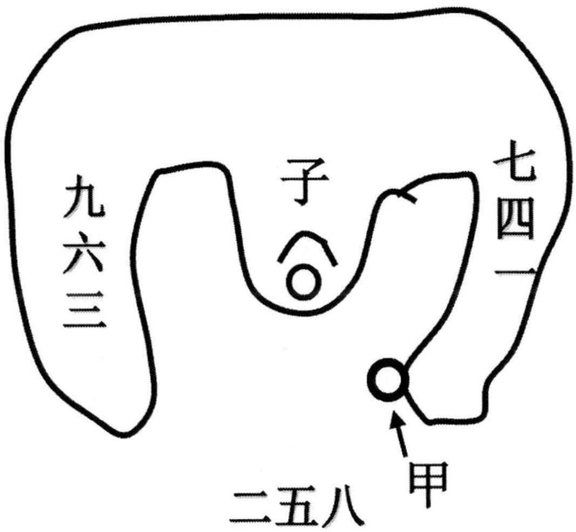

九六三
子
七四一
甲
二五八

如：一四七長房那邊較好，二五八房房平，三六九房右邊差，用分金是主要補左邊三六九房，用分金就用甲子或丙子分金，次地局玄關甲為木，如用甲子分金納音為金是剋出為凶，是分金剋玄關點，剋長房，長房也有損，次房也敗，氣偏到中房去，應中房好，用甲子分金肯定不行。如用丙子分金，納音屬水，為生局，如次房在遠方求對側還是有利的，否則是退敗局，次房先敗，如用戊子分金，納音為火生入局，但被中令傘佔了，只有中房好，此為偏房局。如用庚子分金屬土，為剋入災害上門，長房先敗，不能用，如用壬子分金為二木比和相旺，全部偏到長房去，其餘的二房拜絕，也不能用，由此可看到，坐山子玄關在甲方，左秀右差是偏房局，房份不平衡的，如地局右邊比左邊好則為合局。

例二、坐子山午向，玄關在丙方，此地局為右邊秀麗比左邊好，用分金就要補左邊的長房，玄關在中房，二房也較好；　如用甲子分金為剋出，剋次房用丙子分金剋出，剋次房或中房（前二度次房凶，一度中房凶）。用戊子分金，為比和吉，但偏中房，庚子為生入局扶長房，此局用此分金為最好，用前一度為偏房，應用後二度為最好，用壬子分金為生出，長房遠走他鄉或敗退。

例三：陰宅，坐癸向丁，玄關在坤方，用何分金？長、中、次三房比較均衡？

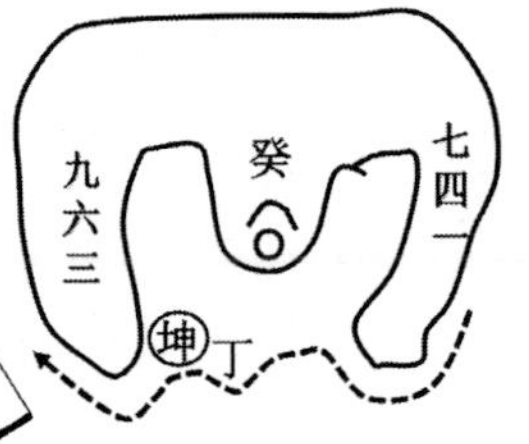

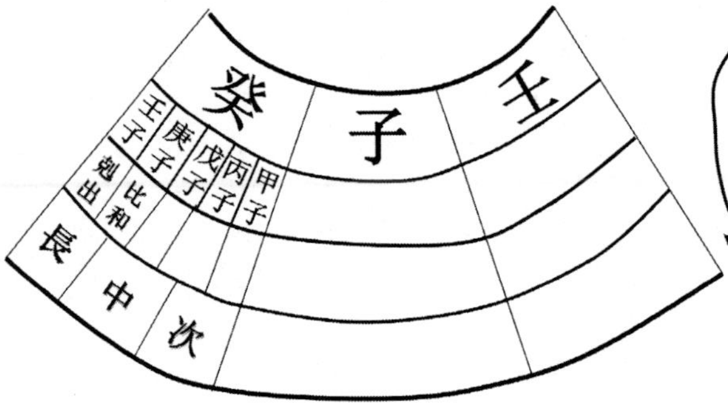

先看地局，此局水聚在右邊，應次房比長房好，再看前面的明堂和案山都比較好，此局應補長房那邊，應用庚子或壬子分金，壬子分金納音屬木，為剋出凶，所以不用。庚子分金納音屬土為比和旺相局，此局用庚子分金為三房均衡最好，庚子前一度為中房，後二度為長房，如中房也要補用時用前一度與後二度的分界處最好，如單補長房那邊用庚子分金後二度最好。以上兩個例子，已經把分金 的用途詳細說明，其餘的坐山也按此法變通就行了，上面的分金法必須是合七十二局地命玄關法做前提，才有用的，當我們日常去幫人觀風水時，塲發現很多山墳是分金線在那一房，就是那一房拜絕，其原因是此山墳不合地理命法，遇到一些不合地命法的凶墳時斷風水，分金在那一房，就斷那一房敗絕。當我們學會分金法的應用後，即可以操作房份。這裡有一個道德上的問題，按此法給人修陰宅或住宅時，想那房好，那房份就好，其它的都敗，這是操作房份的做法，在實際上也是常遇到的問題，給人做陰宅時，有時有幾房人的，有人背後找你，請先生開線時關照一下我那房，我私下多給你多少錢，如果你收了他的錢把最有利的都偏到他房去，做風水這樣做事非常缺德的，也會報應在自己的子孫上，所以未觀其風水先觀聞其人之德，方可行之。

第七章　玄空斗秘法

天上北斗星，統領中天的恆星，立一統領八方星河，此為斗秘法的來源，卦象與天。古代立村莊、城市、縣衙、寺廟、帝王將相等大風水建築都用到斗秘法來折步量水。古代王將相，辦事的排場都用斗步來分，如帝王坐，群臣都在前面排到外面，官職大排在最前，小的排在後，此也順應天上紫微星的排佈。本門斗秘法風水，也用一帝坐統九宮來論水的吉凶，主要論前面一卦之內的水吉與凶，其它方位主能作借官之用。

青囊經曰：「溝壑明堂定方隅，便從品折自縈紆，四尺八寸為一步，折取須交向所宜。」

此為斗秘法折向前一卦，明堂水與穴位作比較。不論陰宅與陽宅，前面明堂的水與穴位或陽宅的距離遠運近，直接影響到此穴與陽宅的吉凶，如用卦為論水，凡見哪個方位有水就論吉或凶，而不作遠與近得比較，是否作用都一樣？有一點科學知識的人都知道作用是不可能相同的，水的距離遠於近，不論對人的影響還是對植物的影響都會有所不同，如何量取合適的距離來建宅與宋，這就是本章要學的內容。斗秘法，從開山祖師爺創立流行到現在，已經顯得越來越少機會用得上。以往立村莊一般村莊前面都有一般月形的魚塘，此塘如果合斗秘法的折步，正好在零神位上，寺廟，廟前的水塘，與門口的直沖路，都合斗秘折步，縣衙以上的官府，前面大門直沖的路都要合斗秘折步，帝王的陵墓前面的水都要合九為一折。此等大風水，古時代作法都一一用斗秘法來折量的。但現在，已經很少用在陽宅上，但陰宅還有一定的作用，如陰宅前面的流水，流出流進都要合斗秘顛倒訣，一些風水怪穴，水中穴都要會斗秘法。斗秘法折步量水，主要作用是催富催貴。如前面方位的水吉時，需要合步，只要待時而發。斗秘折步有多種折步發，一般常用為九步一折，百步為九折；中等用一百步為一折，千步為九中折，上等用九里為一折，千里共九折，為此本門所用的折量水法，但有的明堂內水來以有久曲，此為自然的折步，不用去量步。凡在明堂見水來或水去，見聚或彎抱處為一折，還有天玉經所言七星打劫法也是斗秘法的內容，主要作用是起催富的作用。斗秘法，在現在的時代雖然用途並不廣，但做風水時少了它就是一知半解。對於一些有條件的陰宅風水若是不會此法，就無法做出好的風水墓穴。另外在斷代數的吉凶方面，也有不可缺少的作用。斗秘法屬於高層風水大法，如推斷一個地方的吉凶，與一個城市的風水，與一座廟宇的風水，一座村莊的吉凶，斷這些大風水時，還是要斗秘法去推算的。其他方面的風水方法，不能推算一些大風水的，由於本人入門時間較短，只能會用顛倒訣，與堂前折步排星，借星等幾種用法，其他高層斷法，本人也來領悟，這次把本門祖上留下來的風水訣完整的公開，主要是為有志風水大道者，點燃一盞明燈，指出研究到的方向。

第一節　元空顛倒訣

訣曰：「左為陽子丑至戌亥，右為陰午巳至申為雌與雄交會合元空。顛顛倒二十四山有珠寶，逆順行二十四山有火坑。」

廖氏家傳玄命風水學（一）中講過，二十四山陰陽屬性，是以正常五行論的，即子寅辰午申戌甲丙庚壬乾艮為陽，其餘屬陰，此為正五行論屬性。其它還有三合盤五行屬性，因與本門內容無關不做論述。斗秘法是用元空五行屬性的，左艮寅甲，巽巳丙坤申庚，乾亥壬十二坐山為陽，右子癸丑，卯乙辰，午丁未，酉辛此十二坐山為陰，此為元空五行屬性。陽為順佈飛星，陰為逆佈飛星，本門斗秘法二十四山陰陽屬性與現流行元空派二十四山陰陽屬性是一樣的，但飛星的飛佈是不同的，斗秘法飛星是以當元的飛星入中順佈到向的星為用，再甲到向的飛星入中按陰逆陽再向前排佈的，不用6坐山的飛星。

例：現下元七運，子山午向，以七入中順飛二黑到向為用，再以6二黑入中，因午向屬陰，逆排到向飛星。

子山├→ 午向七八九一二三四五六

6 三	2 七	4 五
5 四	7 二	9 九
1 八	3 六	8 一

【子山午向圖】

例：乾山巽向，現下元七運，一七入中順飛，六百入中，巽為陽，順佈到向飛星。

乾山├→ 巽向五四三二一九八七六

6 五	2 一	4 三
5 四	7 六	9 八
1 九	3 二	8 七

【乾山巽向圖】

餘山彷此，佈好飛星，我們可以看到，屬陰的向當旺的飛星在向前，屬陽的向衰退的飛星到向前，所以屬陰的山向，當旺的飛星在向前，如配穴前的流水如逆來穴前，當旺的飛星正好歸我用，此為珠寶，如配穴前的流水順去，當旺的飛星正好順水去，為流坡旺神，此為火坑，屬陽的向衰神飛星在向前，所以屬陽的山向，衰退的飛星在向前，如配穴前的流水，順去，此為衰神流去吉。為珠寶，如配穴前的流水逆來，為衰神上門，此為火坑，此為陰向配陽水為珠寶，陽向配陰水去為珠寶，陰用陰，陽用陽為火坑，此為顛倒訣。

例一、子山午向，五運——九運，飛星圖

4 一	9 五	2 三
3 二	5 九	7 七
8 六	1 四	6 八

子山├→ 午向五六七八

五運子山午向

5 二	1 六	3 四
4 三	6 一	8 八
9 七	2 五	7 九

子山├→ 午向六七八九

六運子山午向

6 三	**2** 七	**4** 五
5 四	**7** 二	**9** 九
1 八	**3** 六	**8** 一

子山├→ 午向七八九一

七運子山午向

7 四	**3** 八	**5** 六
6 五	**8** 三	**1** 一
2 九	**4** 七	**9** 二

子山├→ 午向八九一二三

八運子山午向

8 五	4 九	6 七
7 六	9 四	2 二
3 一	5 八	1 三

子山├→ 午向九一二三四

九運子山午向

由上幾圖可以看到子山午向，如配逆水來潮不論什麼飛星值運，旺神都在向前，歸我所用，此為珠寶，代代富貴來，配穴前的水流出，為流破旺神，此為火坑，代代退田莊。

例二：已山亥向，五運一九運順飛星圖。

4五	9一	2三
3四	5六	7八
8九	1二	6七

巳山├→ 亥向七八九一二三

五運巳山亥向

5六	1二	3四
4五	6七	8九
9一	2三	7八

巳山├→ 亥向八九一二三四

六運巳山亥向

6 七	2 三	4 五
5 六	7 八	9 一
1 二	3 四	8 九

巳山├→ 亥向一二三四五

七運巳山亥向

7 八	3 四	5 六
6 七	8 九	1 二
2 三	4 五	9 一

巳山├→ 亥一二三四五六

八運巳山亥向

8 九	4 五	6 七
7 八	9 一	2 三
3 四	5 六	1 二

巳山├→ 亥向一二三四五六七

九運巳山亥向

由上幾圖可看到巳山亥向，如配順水去不論什麼飛星值運，都是衰星流去同旺論，此為珠寶，代代富強。如配穴前的水逆來，為災星上門，凶神即到。代代見災害，為火坑。

第二節　三卦之用

斗秘法的三卦者，正神，零神，父母為三卦之神，其它極少用。正神者，在風水中有多種解義，如坐山的正神，龍向的正神等，斗秘法是正神，就是值運的飛星，如下元七運，七運為正神，八運以八為正神，九運為九紫為正神，零神跟正神一樣，不同的門派的零神作用是不一樣的，這只是一種代表。如下元七運，以八白為零神，下元八運以九紫為零神，下元九運以一白為零神。正神的後一位是零神。父母者以生者為父母，如下元七運，以六白為父母，下元八運以七赤為父母，下元九運，以八白為父母，當用者正神，待用者為零神，已退者，為父母，此為斗秘法三卦之用，餘元仿此。明白了三卦之用，就可以進行斗秘法的折步量水，折量是由穴前八尺處起步句明堂折去，見水停聚處或轉彎處，按一飛星，看何步，如九步之內見水聚為正神水上穴，第二個九步之內為零神水上穴。

一直量完一百步，或千步為止。如量不完有案山陰，就量到案山前，如穴前的水是逆來的看水聚在何處，如聚在穴前九步之內，為正神水上穴，正神水上穴，必須零神也聚水，此為後續有氣，才催吉。如果單見正神水，是速富後速敗去的，零神水可以單見的，如單見零神水是催吉，如正神、零神，不見水聚或折彎，見前幾位才折彎，此為待時水，即待值運到的飛星才發，父母位，是配去水的，去水而一位折出為吉，所以去水是穴前八尺處起九步之內折出為吉，穴前九步或百步不見水停或者轉彎處，為不見父母水去，此穴也要排到父母位才發福的。折步，陰宅是從穴前八尺處即為穴的餘氣處起量，陽宅是在屋前三尺處起量，一般先觀明堂內大與小，適合用九步或百步為折量，如明堂局較小的位九步起量，一般人是不用的。

例如：子山午向，現下元七運。此局，坐子山向午，坐卦屬陰，配逆水朝，此局正好逆朝水為珠寶，明堂起飛星，八白處一彎曲，一白處第二個彎曲，四綠處第三個彎曲。如此穴是七運下葬，可見此穴七、八運吉，九運差，一運好，二、三運差，四運好，此地局有一百四十年地運，此地屬子、丑、寅、辰、已幾個屬相最好。

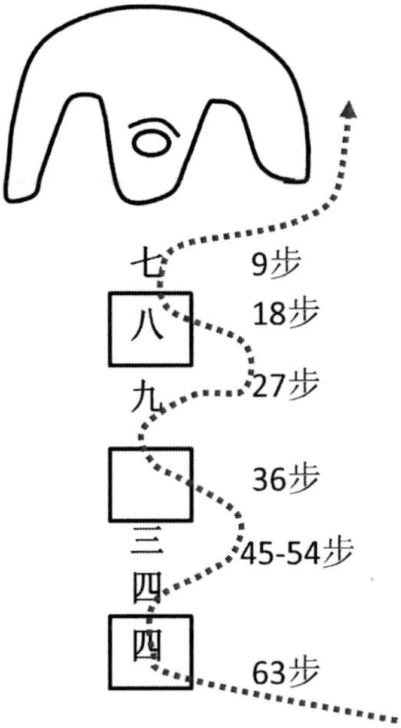

6三	2七	4五
5四	7二	9九
1八	3六	8一

解：穴前起量步，一般大約90cm左右為一自然步量起。起量九步之內不見水，第二個九步內見水轉曲，按飛星八白到此位，第三個九步直不按星，第四個九步見轉彎按一星白星，第五個九步與第六個九步水直不按星，第七個九步見水折曲按四綠飛星，此局明堂只按了三個飛星，即八白。一白、四綠，因此穴多少七運下葬，用本運的飛星，得出七、八、一白、四綠四個運為最好，其它九，二三運較差，因此七到四綠，共用了七個飛星，每個飛星值運二十年，合共一百四十年。所以此地局只有一百四十年運，到了此時就要重修山墳，斗秘法量步，折到彎曲處最好，此為有情相抱，所以八白，一白，四綠，三處最吉，值運之時也最好，因一白坎配子，二黑坤配未申，三碧配卯四綠巽配辰巳，六白乾戌亥，七赤配酉，八白艮配丑寅，九紫離配午，所以子丑寅辰巳幾個屬相最好。

例如、丙山壬向，現下元七運，此局，坐向為陽，因配順水流去，為流出為珠寶，逆來我火坑。因此局為七運下葬，飛星正好零神也拍到前，前面零神方正好彎曲折水，也主因速富，但此水方只應本運，出運不貴，父母為無折水，所以此局不能發長運，如父母住八白位有水折曲，凡陽局水折折父母位出就能代代發富到地運行完，此局主與三運較好，其它都差應有一百年地運。

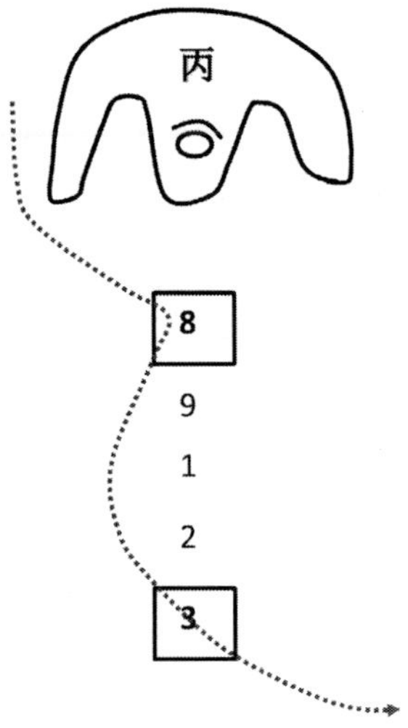

6 **2**	2 **7**	4 **9**
5 **1**	7 **3**	9 **5**
1 **6**	3 **8**	8 **4**

如此局在中元四運下葬，飛星五與一排到折水處，因壬向為陽，應配順水，此局正好為逆水朝此局為火坑，應作凶論，但前方得五黃零神水，本運的餘氣，所以此局速富後即敗，一白處有折水和五黃處有，屬子和丑未辰戌幾個屬相的人最凶，此肯凶局。

$^{3}\mathbf{8}$	$^{8}\mathbf{4}$	$^{1}\mathbf{6}$
$^{2}\mathbf{7}$	$^{4}\mathbf{9}$	$^{6}\mathbf{2}$
$^{7}\mathbf{3}$	$^{9}\mathbf{5}$	$^{5}\mathbf{1}$

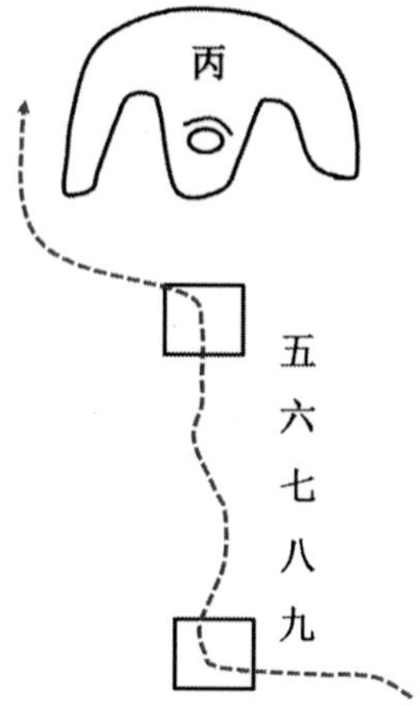

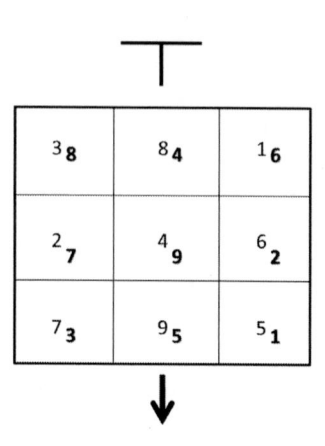

例如、子山午向，下元七運，此局，子山午向屬陰，配逆水朝為珠寶，但此局水聚前後流出此為火炕局，此局水聚飛星1、2之上，離穴位遠，應此穴為逃亡穴，屬子和未申最凶。

6三	2七	4五
5四	7二	9九
1八	3六	8一

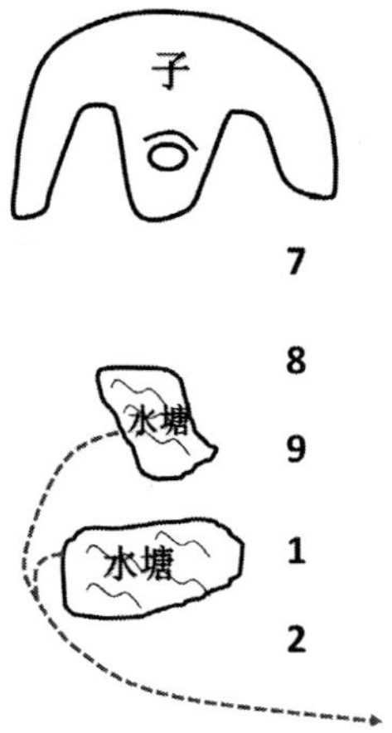

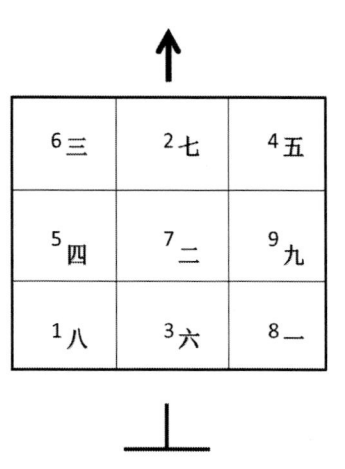

例如：乾山巽向，現下元七運，此局巽向為陽，配穴前流水去為珠寶，再得父母位，水折曲流去，子孫後代應代代富貴，此局，明堂折水配了四個飛星，六白與九紫都在巽位上，但八白與一白都兼雜離方的氣，是吉中藏凶，應八運或一運中會出凶禍，與屬子丑寅三個屬相的人不吉，其局一百二十年地運中除一白一白與八白運，其餘的運都好，因此局得父母位折流去。

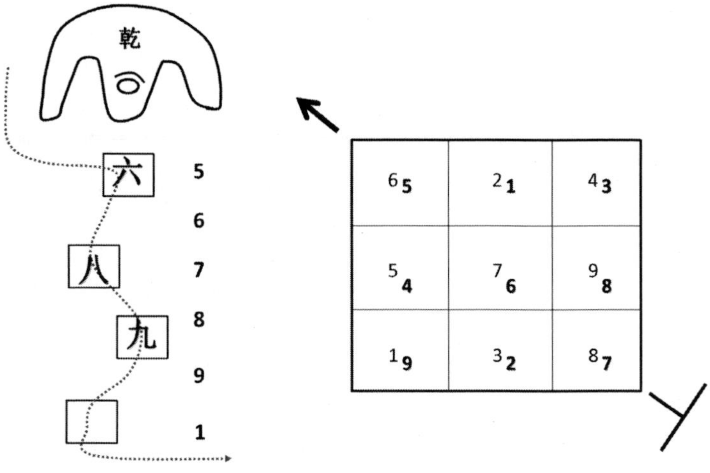
乾
六
八
九
5
6
7
8
9
1
6 5
2 1
4 3
5 4
7 6
9 8
1 9
3 2
8 7

第三節　論水中怪穴的作法

因水中作穴已經四週圍全部都是水，不能像其他穴位那樣用砂與龍氣與水幾種來相配，只能單單是用水作依據，當然也要先觀龍氣是否浸降入水中，為此最重要的，再者就是立向，因水中作穴，水就是聚到穴頂上，如何立向把旺氣聚到頂上，此為立問之重點。學過道家氣功的人都知道，當自己的功夫達到一定層次時就會出現三花聚頂，五氣朝元，此道理與水中穴一樣當零神聚頂時，就是當運餘氣聚集穴頂上，只有巳山亥，巽山乾，晨山 戌向三個坐山可立水中穴，與山不可立水中穴，誤用會絕後的。

例如：

巳山亥向

巽山乾向

辰山戌向

6 九	2 四	4 五
5 一	7 八	9 六
1 二	3 三	8 七

辰山

6 七	2 三	4 五
5 六	7 八	9 一
1 二	3 四	8 九

巳、巽山

辰山此三個坐山向不論什麼運零神都被排到入中，即在穴頂上，此為旺氣聚頂上，凡水中穴非一般小穴，會出大貴而長運的，在我當地鄉間有多種水中穴傳說，說得很神化，如今我講出，只有一句話。很多人學風水一世，也不懂什麼叫水中穴，就是在我們當地，只有一處水中穴，而子孫很昌盛，都在海外經商，至今已有十多代，本人一直想去實地考證，但因在水庫中，且水庫近十多年都未乾過水。聽前輩講，大約的座向是坐東南向西北，整合本門水中穴的作法，因本人未做過水中穴，不能提供實例圖，本人主張坎離交媾水火既濟為配。此也是當元飛星入中飛佈與到向飛星入中飛佈得一九兩星相碰的方位見有水聚處便是。因一九都落入水中得水火既濟而成的。

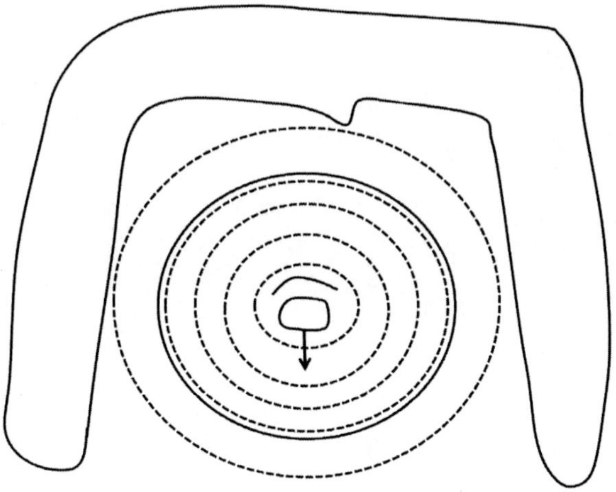

例如：下元七運，二十四個坐山。

以上七運二十四山圖，可見到只有巽巳山見兌方有水聚成七星打劫與午丁山見兌方或艮方有水聚成七星打劫法。和乾亥山見艮方有水聚成七星打劫法。餘運仿此推算。

例一：乾山巽向，現下元七運。此局，堂前是旱地無折水流，只有艮方見一水塘，現下元七一運下葬，飛星一九正好排在根方上成七星打劫法，成為速發富穴。

第四節　論斗秘風水打劫催財法

訣曰：「識得父母三般卦，便是真神路，北斗七星去大劫，離宮要相合。」三般卦者即正神，零神，父母三卦。關於三卦的用法前章通過例子比較詳細說明七星打劫取象與後天八卦，離居南，坎居北，南北水火相沖對為天劫，相合者變作坎離交媾水火既濟為配。此也是當元飛星入中飛佈與到向飛星入中飛佈得一九兩星相碰的方位如見有水聚處便是。因一九都落入水中得水火既濟而成的。

例如：下元七運，二十四山坐山

6 一	2 六	4 八
5 九	7 二	9 四
1 五	3 七	8 三

壬山

6 三	2 七	4 五
5 四	7 二	9 九
1 八	3 六	8 一

癸子山

6 五	2 九	4 七
5 六	7 四	9 二
1 一	3 八	8 三

丑山

6 三	2 八	4 一
5 二	7 四	9 六
1 七	3 九	8 五

艮寅山

6 八	2 四	4 六
5 七	7 九	9 二
1 三	3 五	8 一

甲山

6 一	2 五	4 三
5 二	7 九	9 七
1 六	3 四	8 八

乙卯山

6 九	2 四	4 二
5 一	7 八	9 六
1 五	3 三	8 七

辰山

6 七	2 三	4 五
5 六	7 八	9 一
1 二	3 四	8 九

巽巳山

6 二	**2** 七	**4** 九
5 一	**7** 三	**9** 五
1 六	**3** 八	**8** 四

丙山

6 四	**2** 八	**4** 六
5 五	**7** 三	**9** 一
1 九	**3** 七	**8** 二

午丁山

6 二	2 六	4 四
5 三	7 一	9 八
1 七	3 五	8 九

未山

6 九	2 五	4 七
5 八	7 一	9 三
1 四	3 六	8 二

坤申山

6 四	**2** 九	**4** 二
5 三	**7** 五	**9** 七
1 八	**3** 一	**8** 六

庚山

6 六	**2** 一	**4** 八
5 七	**7** 五	**9** 三
1 二	**3** 九	**8** 四

酉辛山

6七	2二	4九
5八	7六	9四
1三	3一	8五

戌山

6五	2一	4三
5四	7六	9八
1九	3二	8七

乾亥山

以上七運二十四山圖，可見到只有巽巳山見兌方有水聚成七星打劫與午丁山見兌或艮方有水聚成七星打劫法和乾亥山見艮方有水聚成七星打劫法。餘運仿此推算。

例一：乾山巽向，現下元七運。

此局，堂前是旱地無折水流，只有艮方見一水塘，現下元七運下葬，飛星一九正好排在艮方上成，七星打劫法，成為速發富貴穴。

6**5**	2**6**	4**8**
5**4**	7**1**	9**3**
1**9**	3**2**	8**7**

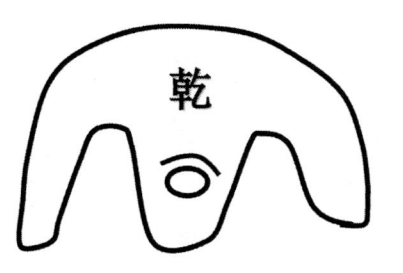

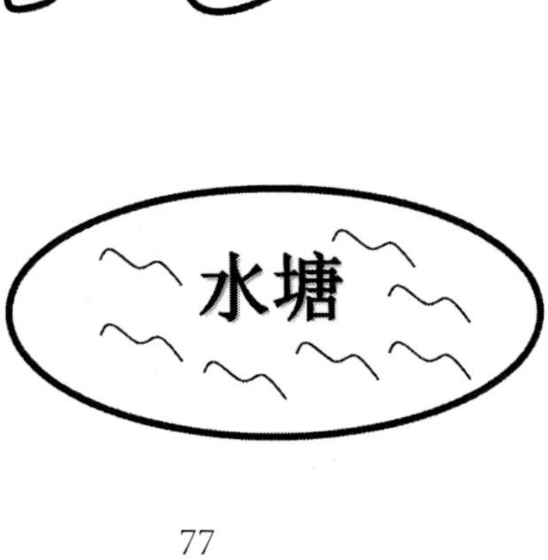

第五節　大風水的斷法

如斷一座村莊或一個城市或一座廟等風水時，就用折水飛星與到向飛星來推斷。只有斷大風水時用此來斷，一般風水不用此來斷，先將到向飛星為內卦，折水到的飛星為卦外卦，生入剋入為進吉，比和旺相吉，生出剋出為凶。可配成卦象來推斷的。

例如：一村莊，坐丁向癸，現下元七運。此村，零神水相照，為吉，村中的人較有錢，但本運三碧木到向，剋零神，八白土為剋出，村中人口會搬出外地較多，事實此村在七運大約有九成的人搬離此村。由於對於大風水對一些大風水有興趣，可自行考證。

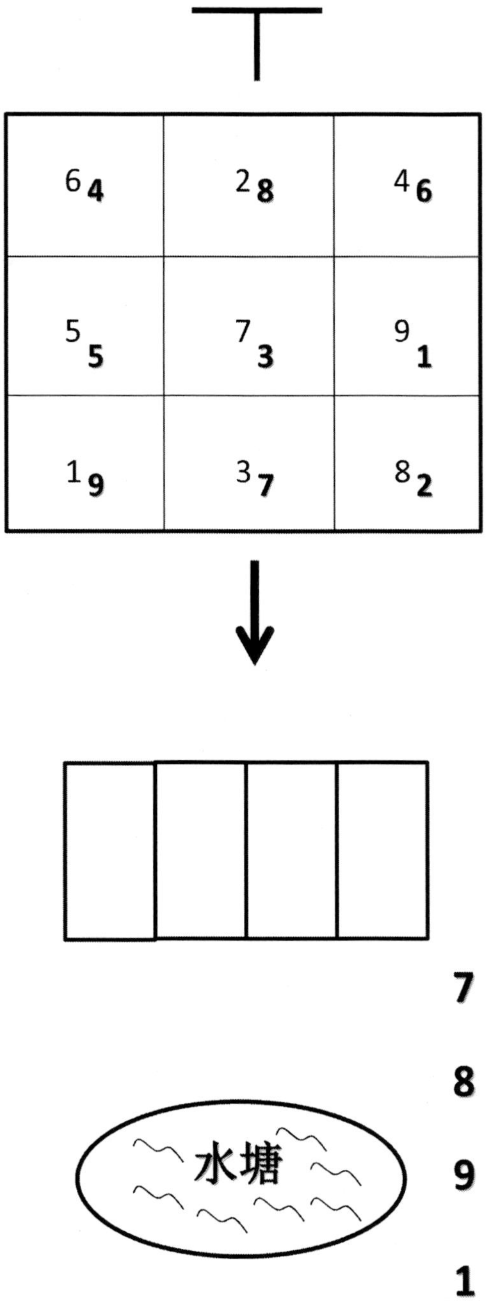
6 4
2 8
4 6
5 5
7 3
9 1
1 9
3 7
8 2
7
8
水塘
9
1

第八章　常用風水二十問

（一）問：墓堂放水，應從那個方位流出為吉？

答：三合派與其他門派都是水從天干四維流出為吉，地支流去凶，本門的放水法是用先天八卦與後天八卦對倒局來放水。例如先天坎卦，水放天坎卦放先天坎卦誰出為吉，子山：放水坤，寅。丑山：放水乾、乙。壬山放水坤。艮山：放水乾、甲。癸山：放水坤、辛。寅山放水坤、甲。甲山：放水坤、丙。辰山：放水坤、庚。戌山：放水艮、丁。巽山：放水坤、庚。乙山：放水艮、丁。巳山：放水坤、辛。丙山：放水乾、甲。未山：放水巽、癸。午山：放水乾、甲。坤山：放水巽、壬。丁山：放水乾、乙。申山：放水巽、壬。庚山：放水巽、壬。戌山：放水艮、丙。酉山：放水巽、癸。乾山：放水艮、丙。辛山：放水巽、癸。亥山：放水艮、丙。

以上放水法，主要作用是讓家中的財聚而不散。流到地支上出水為散財，陽宅的放水也同陰宅一樣的。

（二）問：風水中的陰宅石碑如何立才吉？

答：石碑應與靈柩坐在同一坐線上方吉，如石碑與靈柩的坐向不在同一卦中為大凶亡，不同在一座山上為小凶亡，不同在分金上為偏房。石碑的立法有兩種，分別是是陰碑立法與陽碑立法，立在靈柩後靈為陰碑法。一般坐在龍腰上結穴與名堂歸聚剋立陰碑，一般群體墓地與在穴星側面取穴或名堂散亂的取陽碑法。有的墓碑倒在一邊去，可以每年清明節這一天去，把石碑修正。

（三）問：有的墳墓是立有後土龍神的，後土是如何立的？

答：後土實際上是墓的輔星，讓墓不孤獨有助，讓後代的子孫也不孤獨，一群體墳地不用立後土，其它墳地可立，如下：

子山：後土立乾。丑山：後土立甲。

壬山：後土立戌。艮山：後土立卯。

癸山：後土立亥。寅山：後土立乙。

甲山：後土立丑。辰山：後土立丙。

卯山：後土立艮。巽山：後土立午。

乙山：後土立寅。巳山：後土立丁。
丙山：後土立辰。未山：後土立庚。
午山：後土立巽。坤山：後土立酉。
丁山：後土立巳。申山：後土立辛。
庚山：後土立未。戌山：後土立壬。
酉山：後土立坤。乾山：後土立子。
辛山：後土立申。亥山：後土立癸。

（四）問：一般給人修建山墳時，每一座向與亡靈間是否有不同的作用力？

答：本人實踐多年，一般做山墳用四維與六干，即乾、坤、巽、艮、甲、乙、丁、壬、庚、癸，這是個做山，給人做山墳，發福最易，一般也比較平穩，丙、辛兩山我絕對不用，十二地支坐山，我比較少用，一般是子孫眾多和大官的貴人建山墳時才用地支立向，用地支來立向的山墳發福最遲，但作用大，用不當則禍來較深，一般水平不高的地師與初入門的地師用四維與八干給人建修山墳住宅最好，有較高的水平的地師才可用十二地支與丙、辛二山建山墳與修建陽宅。

（五）問：坐山與亡靈的男、女是否也有不同作用？

答：一般坤、巽、乙、丁、癸這五個坐山對女性亡靈作用最大。乾、艮、甲、庚、壬這五個坐山對男性亡靈作用最大，一般的有名古墳絕大多數都合此理，這是我本人的主要用法，其它坐山可自己去考證。

（六）問：是否有的山墳可修水泥，但有的不可修水泥，如何區別，哪一類可修水泥，哪一類不可修水泥？

答：在實際上也常見到一些人因發財後，用水泥重修山墳後即敗，一般山墳的靈柩的上方可用青磚，不用水泥較好，堂前與後背可用水泥修，常有風吹倒的山墳，最好不去修水泥，藏風的山墳，可修水泥。

（七）問：山墳的一方有空口，風從空口吹到山墳上，這就是不吉，後天如何修補才好？

答：遇到一些山墳有一方不足，可培土來修改，把這方的土培高，或者修一些假山墳擋住這方，遇到有路沖到墳前來，也可修一座假墳在前擋殺，也可立一個石敢當在前。

（八）問：風水中有沖師殺，什麼叫沖師殺？

答：因每位風水師的屬相不同，殺也不同。沖生年的坐山為沖師殺，例如地師屬子，子山午向為沖師殺，即這地師一生不能修子山午向的山墳和住宅，看子山午向的陰宅與陽宅，也不能的。遇到上述情況，千萬不要出聲，應立即離開此地。如果觀風水時遇上陰邪，或傷及眼睛，或傷及身體時，如何化解？凡當地師或愛好風水者，應當每年春節時，用拜過祖先神的年桔，留下桔皮，收藏好，遇上陰邪時用桔皮浸水洗眼或身體，陰邪即去。

（九）問：陰宅風水對女人的作用如何？是娘家的陰宅作用大，還是夫家陰宅作用大？

答：從古到今，也沒有明確的解釋，但我實際中給人調解風水時的體會，還是娘家的風水作用大，佔七成，夫家陰宅風水佔三成。

（十）問：在修陰宅或陽宅時，有不吉的外應，此地是凶地嗎？

答：一般初去修陰宅或修住宅，遇到不吉外應，此地為凶地，做好另擇一地。如如無法另選擇，也應當及時化解此地的凶殺，先找出主要原因，化解後才能再用。

（十一）問：斗秘法，主要用在陰宅與大風水中，住宅好像不適用？

答：斗秘實質是一種水法，一般用於陰宅村莊，集體機關建築物等與斗秘法有緊密的關係，住宅不用。陽宅主要應用玄關訣法就行了，但注意屋前的流水是否和斗秘法的顛倒訣就行了。

（十二）問：本門排龍訣的用法？

答：本門排龍訣的用法數代前已經流失也可能流到別的派上去。因風水古傳有水法，龍法砂法與穴法四種各有口訣與用法，穴法即玄關訣的應用，可以單用，如配合斗秘訣，應用最好，水法，即斗秘法訣，如水中穴等怪穴都要知斗秘訣的應用，龍法即龍訣的內容，古代一般帝王將相，達官貴人的陰宅風水，才用尋龍，現在已很少用得上，但一些怪穴，如土不粘金等怪穴要用排龍訣，砂法是一種輔法，每一種訣都要看砂的星辰相助。

（十三）問：給人調解風水時，有時不知陰宅的原因還是陽宅的原因，應如何入手判斷？

答：一般從動處入手，如一個人住的房子多年都平安無事，但發生突然發的事情，可從他的陰宅入手，如陰宅修過，就是陰宅的原因，主要是看陽宅與陰宅之間哪樣變動過，包括自己修改過的或週圍的環境破壞，動則是原因起處，大約有八成的事情都是陽宅或陰宅變動過後才發生的。

（十四）問：相一塊陽宅或陰宅用的吉地，應注意哪些要點？

答：

（1）前面不能見紅（包括開山或破土出現紅色的在前方對照）。

（2）前面左右不能見到破物，如山的怪石破頭，開礦的破頭。

（3）前面不能有沖射物，如路的沖，屋角的沖射，以上幾點是重點，如屋前或墓前有即見凶。

（十五）問：有的住宅建在不吉的地方，發生陰邪作亂，如何化解？

答：有的住宅玄關不通，也會發生這類事，先把玄關方打通再用雷擊木，（即雷電擊中的木頭，修成棍型）在屋內拍打一周，送出門外，或用牛把屋內的地面犁耕一次，這樣陰邪即去。

（十六）問：風水中是否相法與做法兩種？

答：看風水的法門有很多：如四柱、占卜、六壬，奇門等都可以用來評風水的吉凶，只要有經驗就能斷得準，做法是一種固定用法，有一定的法規依據的，不能隨意去變化。有的斷風水斷得準，但給人做風水時，大多數失敗，而有的人幾代專門給人做風水，絕大多數平安無事的，但叫他斷風水不一定斷得準，注意做法與相法不可混為一談。

（十七）問：一般一個家庭都有很多代的祖先陰宅，是否作用都一樣的？

答：以最近的三代為準，以血統直連的算。其他的作用不大，以最近的佔六成，次近的佔三成，再次的佔一成，我本人給人評風水時只看近二代，其它不評。

（十八）問：遇到一些陰宅，出現偏房的現象如何調整？

答：出現偏房的現象，主要是地局本身與分金都出現偏房，一般是沒有調解辦法，如強行把靈柩的坐向分金調整，或石碑的分金調整，不但無效果，也會立即出現凶象，以前古人一般取另一陰宅補上的所偏的房份上。

（十九）問：有高壓電線在上方，或附近有變電站的地方，是否可以立山墳？

答：凡有高壓電線在上方的地方及附近的地方都不可立山墳，靠近變電站的附近，也不能立山墳，否則傷及頭部神經。

（二十）問：觀風水時有的地方下羅庚後，指針亂動，此地是否為凶地？

答：羅庚亂動，主要是地球的磁場不斷變化而產生的，這有多面的原因，如地下有地下水流過，地下有礦物，或有陰邪集聚，是大凶之地，一般觀風水指針，發生了異常的變化。此地一般不吉，給人做風水，在靈柩時，下羅庚指針不動，可能此死者因別有內情，用過的羅庚以後不準，應當更換。

附篇

《青囊序》、《青囊奧語》、《天玉經》導讀

《青囊序》是唐代曾文辿所作的歌訣，主要是講述其師楊筠松的風水觀點，全篇的主要內容是講述本門的玄關訣，前半部分還保留了作者的原句，後半部分是後人自行添加了一些複雜內容。主要對風水口訣簡單的叙述，目前有數十種注釋本，但因每個門派不同見解各異，本人也根據本門玄關訣內容對其簡要注釋，到底誰是誰非，同道自會鑒別。

《青囊奧語》是唐朝楊筠松祖師所作，主要內容就是包括本門的三種口訣和一些實際操作要領，因語句極為深奧難明，余稍加注釋原又轉錄。

《天玉經》分上中下三卷和外篇，其中包含了風水中很多口訣。排龍法、斗秘訣、玄關訣只是其中的一部分內容，主要是口訣的應用方法與經驗，從書中可以感悟出經文中每一句每一字都包含玄機。全文主要是行習風水經驗的結晶，現時所有的風水門派口訣都是從中演變而來，目前注本也有數十種，每一種都不能盡解其意。有很多注

解都是錯誤的，只有自己熟讀口訣後，再到實際應用時作開悟。例如注本講到二十四山分三卦，即天地人三卦，地卦為單用，天卦人卦可互相兼用，但實際上我考察的古名墳，天卦兼地卦的也有，地卦兼天卦的也常見，出卦相兼的也見到，而且其後代也非常昌盛。由於《天玉經》，包含的內容較廣，其中有關斗秘法的口訣，可參見斗秘法章的內容，其他的口訣由於本人無法全部都注釋，希望大家在實用中做自行考驗，其中經文內的語句，含義深奧，一般不能做直解，如外篇的「辛入乾宮百萬莊，癸歸艮位發文章，乙向巽流清富貴，丁神終是萬斯箱」，一直被後人理解為救貧黃泉，但實際考證時，本人發現，合此訣者十有七八是敗絕。其他語句也一樣，看起來簡單，但實際含義深奧，未經驗證，不可輕用。《天玉經》是風水學的至寶，應作為學習重點依據。

《青囊序》

楊公養老看雌雄，天下諸書對不同。

注：楊公即是風水祖師楊筠松，養老是指人的年歲已老歸居田園，看雌雄是講習陰陽風水時的變化，萬事萬物都有陰陽，得交化才生。認為當時的時代所用的風水理論不正確，自己行習風水到老才有一套寶貴經驗要訣。

先看金龍動不動，次察血脈認來龍。

注：金龍者是先天的無形氣場，這裡是指三元九運的氣，次察血脈是指流水，水為陽，山龍為陰，水與山龍的結合。

龍分兩片陰陽取，水分三叉細認踪

注：羅庚二十四山分陰與陽，即正五行，子寅辰午申戌，甲丙庚壬，乾艮十二山為陽，其他為陰，水分三儀這裡指的是玄關的位裡，先分坐度為陰或陽，再尋玄關位的配合。

江南龍來江北望，江西龍去望江東。

注：按分元運去飛佈九星，飛星的佈法周流九宮，看何星為用。

是以聖人卜河洛，纏澗二水交地嵩。

相其陰陽觀流泉，卜也人年宅都宮。

注：飛佈河洛九宮飛星為用觀陰宅陽宅都以水去與外水相交的地方為水口，到向的飛星與水口的方位為用，配成地運卦來斷陰宅與陽宅的吉凶。

一生二者二生三，三生萬物是玄關，山管山兮水管水，此是陰陽不待言。

注：無極生太極，太極生陰陽，陰陽化三才，三才生萬物，此為玄關生竅的變化，不論山與水兩者都不相干的，主要看玄關竅通，用山見到水，水在玄關上為通竅，如否為不相關的，此為陰陽的變化點。

識水陰陽元妙理，知其衰旺生與死。

不用坐山與來水，但逢死氣皆無取。

注：入山觀水口，與元運飛星相交配，若此運卦得生入，比和為旺，剋出，剋入為死，遇到時，就不用再看坐山與玄關的命局。

先天羅經十二支，後天再用干與維。
八干四維輔正位，子母公孫同此推。

注：古人用的羅經是十二支地支為用，後來楊公添加八干與四維來配合為用的，此為地命法的用法，十二地支配八干，成四十八甲子地命局，再用八干四維，先天八卦與後天八卦互用配成二十四局，合成七十二局地命法。

二十四山分順逆，共成四十有八局。
五行即在此中分，祖宗卻從陰陽出，陽從左邊團團轉，陰從右邊轉相通，有人識得陰陽者，何愁大地不相邀。

注：此為先後天八卦神斷章的內容，詳見本書。二十四山分八卦一卦管三山，如壬子癸為後坎卦，子山為後天坎卦，見先天坎卦方通（即見此方有水）得坎水局，子山又為先天坤卦。見後天坤方有水為得坤土局，以山配水相通成一局，共有四十八局，

此為相風水的方法，先判斷是先天見後天為用，得何局，再以剋方為妻財方，生為子孫方，生我者為父母，剋我者為官鬼，相同為比和，如能明白此四十八局的運用，就不愁不會相風水了。

陽山陽向水流陽，執定此說甚荒唐，陰山陰向水流陰，笑殺拘泥都一般，若能勘破箇中理，妙用本來同一體。

注：此為對當時的另一派風水的看法，現在還流傳着，如陽字來龍立陽向見陽水朝為吉，若見陰水為差錯凶，這類講法是荒唐的。若能知玄關法的運用，陽字見陽水，與陰字見陰水，也是同一個道理，只是如何應用的分別。

陰陽相見兩為難，一山一水何足言，二十四山雙雙起，少有時師通此義。

注：此重述玄關訣的作用，陰山見陰水，陽山見陽，一山一水之配，每局都是山與水配，只語二字的作用，所以雙雙起即為局局起的作用。

五行分佈二十四，時師此訣何曾記。

注：地命法是以正五行相配的，即亥壬子癸屬水，已丙午丁屬火，寅甲卯乙巽屬木，申庚酉辛乾屬金，丑未辰戍艮坤屬土，此為玄關訣的五行屬相。

山上龍神不下水，水裡龍神不上山，用此量山與步水，百里江山一響間。

注：山與水各各歸位，明白羅庚二十四座山的每個字的作用，相配的取用，其他的各不相干互不相雜，這樣只要明白水的作用與坐山的作用，那麼看風水就是一件很容易的事情。

更有淨陰淨陽法，前後八尺不宜雜，斜正受來陰陽取，氣乘生旺方無煞，來處起頂須要知，三節四節不須拘，只要龍神得生旺，陰陽卻與穴中殊。

注：此為導氣線入穴，氣線在地上如蛇行，直行來到穴後八尺左右要取一字清純入穴方吉，如夾雜它字為帶煞殺入穴，吉中帶凶。看龍只要是看結穴起頂的一節就夠，不用追前去看多節的來龍，看其束氣起頂，頂外星辰不破端正。就是吉穴，在穴中分坐向。

天上星辰似織羅，水交三八要相遇，水發城門須要會，卻如湖裡雁交鵝。

注：向上飛佈的九星，看何運，何星入中起飛星，取到向的飛星為用，三八者，即水口的方位為用，向上飛星為上卦，水口方位八卦為下卦，組成運卦，城門即為玄關生機點，與坐山配成七十二地命局，兩兩配合之理。

穴上明堂井朝水，文庫大小但得位。

注：穴前案山內為明堂，水聚居處為文庫，零神與父母方位最喜水聚。

截定生旺莫教流，直射直流家業退，射破生方定少亡，沖破旺位財狼擋。

注：正神水零神水，父母水，最宜彎抱或歸聚。如正神水直射最凶，零神水直射直流，發後敗，父母位水直射直流，壽短。

文若來時男女亂，庫方來到定位殃。

注：父母位水為文昌水，流入為衰神上堂凶，衰神水最宜穴前流出，父母前一位是墓方，從父母起順水去吉，逆水來為衰神進凶。

生出剋出名為退，生入剋入名為進。

注：以當運的飛星入中飛佈到向飛星與穴前折步的飛星做較量，如子山午向，現下元七運，二黑到向，子山午向玄空屬陰，宜逆水來朝吉，從墓前八尺起步量，九步為正神水，十八步為零神水，水來到穴前十八步處會聚，以零神八白為用，以到向飛星比較為二土相旺，為吉，餘仿此。

退水宜流千百步，進水須教庭戶迎，進退得位出公卿，家資巨富旺人丁。

注：衰神去水宜流長去，進水主要到零堂就吉長與短來都吉，主要水的進去合斗秘法顛倒訣就吉。

旺方帶煞來不宜，庫中藏煞去亦非。

注：斗秘法，旺神水來在本卦，內吉，兼雜它卦為帶煞，去也如此論。

更看諸位高峰起，尖秀方圓須得位，生方高聳旺人丁，官旺起峰官祿生。

注：此論砂的吉凶，一般財，官、子、兄、父，這幾個方位，哪方有秀峰，哪方好，

帶破即那方差，是以運卦來論的。

水中消息少知音，卻向元空裡面尋，坐向須明生剋化，進去水路總非輕。

注：元空飛佈到向的飛星，與折水飛星，論生剋，進去水路是斗秘顛倒訣。

四金四木並八水，四火四土少五行，大小盡在元空裡。

注：此為元空飛星的應用次數，並非把二十四山都方用，四金四木與八水四火四土，其實是元空九運的變化所用的次數，如現下元七運，七為正神，六運，七為零神，八運七為父母神，六運時可借七用一次為借宮，合四數其實是變化之用，並無定數，合側可用。

二十四山有水神，十個退神零如鬼，十四進神如鬼靈。

注：此為元空斗秘顛倒訣，屬陽的艮寅甲，巽巳丙，坤申庚，乾亥壬，此十二個坐山屬陽，水當從穴前流去為吉，但巳巽，二山元神水入中即為水中穴，可作進論，得十個退神，十二個屬陽的坐山加巽，巳二山，合為十四個進神。

生入剋入為進神，生出剋出為退神。

注：此為玄空斗秘法的到向飛星與折水的飛星論生剋。

進神宜進家資旺，若還退時家不興。

注：此處有兩重意義，接上句合折水飛星生入剋入為吉，但必須合顛倒訣，生入剋入但穴前水流出也為退敗。

退神宜退亦同旺，若還進時主官刑。

注：此句也同上一句的意思，但得向上飛星與折水飛星生出剋出，再得穴前水流出為衰神流去吉，需生出剋出，但穴前的水是流進入凶神進大凶。

溝壑明堂定方隅，便從品折自榮行，四尺八寸為一步，折取須交向所宜。

注：折水是從穴口前八尺起，不論退水與進水到水聚。或有折彎處止，看何星到此位，如水來，折處飛星生入剋入向上飛星的吉，如折處飛星被向上飛星生出剋出為吉中帶凶。去水也防此，本門一般取九步為一折，百步為九折。中等取一百步為一折，

千步為九折，上等九里為一折，百里為九折。一般人用九步，達官貴人為一百步，帝王用九里為一步。

小神須入中神，中神流入大神位，三折更上御街上，一舉登科名。

注：此為楊公鎮山訣的水法，即為前面走到五里山，賓主兩相迎。

冠也奇貴貪狼並祿馬，三合聯珠貴無價，凶神流短，吉神長，富貴聲名滿天下。

注：用多種訣法合一，如能一一相合，定能發福。

子午卯酉號衙廳，神壇寺觀亦能興。

注：一般人建宅或修墳，較少用子午卯酉此四山向，但縣衙或寺觀可用，吉縣衙只有立子山午向，寺觀午酉兩向較多，子卯兩向較少。

內有旗輪紅門水，雷公館位使人驚，水神禍福厚非細，更須查公位。

注：子午直沖之水為門水，卯酉直沖之位為雷公水，此四正之水來，當判細祥。

乾坤艮巽長男興，寅申巳亥長伶停，甲庚丙壬中男發，子午卯酉中男殺，乙辛丁癸小男強，辰戌丑未小男殃。富貴貧賤在水神，水是山家血脈精。山靜水動旦夜定，水主財祿山人丁，乾坤艮巽號御街，四大尊神在內排，生剋須憑五行命，要識天機元妙處，乾坤艮巽水長流，吉神先入家富豪。

注：此為楊公鎮山訣中的收山出煞，排龍訣是用來追龍的生旺，斗秘法是折水用，收山出人丁，收水額度財祿。鎮山訣是開啟天玉經的鑰匙，一訣通排龍訣之理，收斗秘訣之精，以來龍八首一節定向，向定水，起替卦，撥水。

請驗一家舊日墳，十墳埋下九墳貧，惟有一墳能發福，去水來山盡合情。

注：不論學到什麼口訣，都要去進行驗證，如能通過的為真口訣，否則為偽訣。

宗廟本是陰陽元，得四失六難為全，三才六建雖為妙，得三失五盡為偏。

注：地理風水，並無十全十美，得多失少，盡可用，失多得少方位偏。

蓋因一行提外國，遂把五行顛倒篇，以訛傳訛竟不明，所以禍福為錯亂。

注：曾一行編寫此文時因怕風水真訣流傳到外族之手，所以把重要的訣注都顛倒亂寫。原文寫到湖裡雁交鵝時已完結，後傳人再添加了後面的一部分斗秘訣並提及鎮山訣。

《青囊奧語》

唐．楊筠松著

坤壬乙巨門從頭出，艮丙辛位是破軍。巽辰亥盡是武曲位，甲癸申貪狼一路行。左為陽子丑至戌亥，右為陰午巳至申未。雌與雄交會合元空，雄與雌元空卦內推，山與水須要明此理，水與山禍福盡相關，明元空只在五行中。知此法，不須尋納甲，顛顛倒二十四山有珠寶。逆順行二十四山有火坑。認金龍一經一緯義不窮。動不動直待高人施妙用，第一要識龍身行與止，第二元來脈明堂不可偏，第三法傳送功曹不高壓，第四奇明堂十字有元微，第五妙前後青龍兩相照，第六秘八國城門鎖正氣，第七奧要向天心尋十道，第八載屈曲流神認去來，第九神任他平地與青雲，第十真若有一缺非真情。明倒杖，卦坐陰陽何必想，識掌模，太極分明必有圖，知化氣，生剋制化須熟記。說五星，方圓尖秀要分明。曉高低，星峰須辨得元微，息與曜，生死去來真奇妙。向放水生旺有吉休囚否。二十四分五行，知得榮枯死與生。翻天倒地對不同，其中秘密在元空。認龍立穴要分明，在人仔細辨天心，天心既辨穴何難，但把向中放水看，從外生入名為進，定知財積如山。從內生出名為退，家內錢財皆費盡，生入剋入名為旺，子孫高官盡富貴。脈息生旺要知因，龍歇脈寒災禍臨。縱有他，山來救助，空勞祿馬護龍行，勸君再把星辰辨，吉凶禍福如神見。識得此篇，真妙微，又見郭璞再出現。

注：此章主要內容是分辨週圍的環境來立穴如青龍白虎方，明堂端正否，來龍入脈是否有氣到穴，所依的是個人的眼力，兼及了起替卦與元空飛星，先後天秘斷與撥水的內容，是以簡介為主，此篇可只作課外一般關注。

《天玉經》

唐．楊筠松著

內傳上：

江東一卦從來吉，八神四個一。
江西一卦排龍位，八神四個二。
南北八神共一卦，端的應無差。
二十四龍管三卦，莫與時師話。
忽然識得便通仙，代代鼓駢闐。
天卦江東掌上尋，知了值千金。
地畫八卦誰能會，山與水相對。
父母陰陽仔細尋，前後相兼定，
前後相兼兩路看，分定兩邊安，
卦內八卦不出位，代代人尊貴。

向上流水歸一路，到處有聲名，
龍行出卦無官貴，不用勞心力，
只把天醫福德裝，未解見榮光。
倒排父母蔭龍位，山向同流水，
十二陰陽一路排，總是卦中來。
關天關地定雌雄，富貴此中逢。
翻天倒地對不同，秘密在玄空。
三陽水向盡源流，富貴永不休，
三陽六秀二神當，立見入朝堂。
水到玉街官便至，神通狀元出。
印綬若然居水口，禦街近臺輔。
鼕鼕鼓角隨流水，豔豔紅旆貴。
上按三才並六建，排定陰陽算，
下按玉輦捍門流，龍去要回頭。
六建分明號六龍，名姓達天聰，

正山正向流支上，寡夭遭刑杖。
向若回山是父母，水流回向首，
水若上山父母同，定見出三公。
共路兩神為夫婦，認取真神路，
仙人秘密定陰陽，便是正龍岡。
陰陽二字看零正，坐向須知病，
若遇正神正位裝，撥水入零堂。
零堂正向須知好，認取來山腦，
水上排龍點位裝，積粟萬餘倉。
正神百步始成龍，水短便遭凶，
零神不問長和短，吉凶不同斷。
父母排來到子息，須去認生剋，
水上排龍照位分，兄弟更子孫。
正龍前面無交破，莫斷為凶禍，
凶星看在何公頭，仔細認踪由。

先定來山後定向，　聯珠不相放，
須知細覓五行踪，　富貴結金龍。
五星若然翻值向，　百年子孫旺，
陰陽配合亦同論，　富貴此中尋。
東西父母三般卦，　算值千金價，
二十四路出高官，　緋紫入長安，
父母不是未為好，　無官只富豪。
父母排來看左右，　向首分休咎雙山雙向水零神，　富貴永無貧、　若遇正
神須敗絕，　五行當分別，　隔向一神仲子當，　千萬系推祥。
若行宮位看順逆，　接得方奇特。
宮位若來見逆龍，　男女失其踪。
更看父母下三吉，　三般卦第一。

內傳中：

二十四山起八宮，貪巨武輔雄。
四邊盡是逃亡穴，下後令人絕。
惟有挨星為最貴，泄漏天機秘，
天機若然安在內，家活常富貴，
天機若然安在外，家活漸敗退，
五星配出九星名，天下任橫行。
干維乾艮巽坤壬，陽順星辰輪，
支神坎震離兌癸，陰卦逆行取，
分定陰陽歸兩路，順逆推排去，
知生知死亦知貧，留取教兒孫。
天地父母三般卦，時師未曾話，
玄空大卦神仙說，本是此經訣，
不識宗枝俱亂傳，開口莫胡言，

若還不信此經文，但復古人墳。
分卻東西兩個卦，會者傳天下，
學取仙人敬一宗，切莫亂談空，
五行山下問來由，入首便知踪。
分定子孫十二位，災禍相連值，
千災萬禍少人知，剋者論宗支。
五行位中出一位，仔細秘中記，
假若來龍骨不真，從此誤千人。
一個排來千百個，莫把星辰錯，
龍要合向向合水，水合四吉位，
合祿合馬合官星，本卦官旺尋，
合凶和吉合祥瑞，合法能趨避，
但看太歲是何神，立地見分明，
成敗定斷何公位，三合年中定。
排星仔細看五行，看自何卦生，

來山八卦不知踪，八卦九星空，
順逆排來各不同，天卦在玄空。
逐男位上笄經游，富貴容易收，
胎沐養生貪長共，冠臨衰旺仲，
仲子排來病死位，墓絕亦皆是，
向定陰陽順水裝，三子一起昌。
子寅辰乾共丙乙，長男排此位，
午申戌與坤壬辛，二男此位真，
卯巳丑及艮庚丁，三男位相生，
酉亥未兼巽甲癸，四男位此際，
千里來龍問祖宗，支水來去凶，
惟有寅申巳亥水，生旺福無比。
甲庚丙壬俱屬陽，順推五行詳，
乙辛丁癸俱屬陰，逆推論五行。
陰陽逆順不同途，須向此中求，

九星雙起雌雄異，　玄關真妙處。
東西二卦陣奇異，　須知本向水，
本向本水四神奇，　代代著緋衣。
水流出卦有何全，　一代作官員，
一折一代為官祿，　二折二代福，
三折父母共長流，　馬上錦衣游，
馬上斬頭水出卦，　一代為官罷，
直山直水去無翻，　場務小官班。

內傳下：

乾山乾向水朝乾，　乾峰出狀元，
卯山卯向卯源水，　驟富石崇比，
午山午向午來堂，　大將鎮邊疆，
坤山坤向坤水流，　富貴永無休。

辨得陰陽兩路行，五星要分明，
泥鰍浪裡跳龍門，渤海便飛身。
依得四神為第一，官職無休息，
穴上八卦要知情，穴內卦裝清。
要求富貴三般卦，出卦家貧乏，
寅申巳亥水來長，五行向中藏，
辰戌丑未即金龍，動得永不窮，
若還借庫富後貧，自庫樂長春。
大都星起何方是，五行長生旺，
大氣相對起高風，職位在學堂，
捍門官國華表起，山水亦同例，
水秀峰奇出大官，四位一般看。
坎離水火中天過，龍墀入帝座。
寶蓋鳳閣四維朝，寶殿登龍樓，
裡劫吊殺休犯著，四墓多消鑠，

金枝玉葉四孟裝，金箱玉印藏。
帝釋一神定州府，紫微同八武，
倒排父母養龍神，富貴萬餘春。
識得父母三般卦，便是真神路，
北斗七星去打劫，離宮要相合。
更有一星佐尊貴，坤是金神位，
甲庚丙壬四龍神，但屬陽干行。
艮巽乾坤水向同，富貴是興隆，
辰戌丑未一路行，驟富振家聲。
依得卦中為第一，失卦軍賊出，
不依方卦失真傳，何必亂談天。
子午卯酉四龍岡，作祖人財旺。
水長百里佐君王，水短便遭傷。
識得陰陽兩路行，富貴達京城，
不識陰陽兩路行，萬丈火抗深。

前兼龍神前兼向，聯珠莫相放，
後兼龍神後兼向，排定陰陽算。
明得零神與正神，指日入青雲。
不識零神及正神，代代絕除根。
倒排父母是真龍，子息達天聰，
順排父母到子息，代代人財退。
一龍宮中水便行，子息受艱辛，
四三二一龍逆去，四子均榮貴，
龍行位遠主離鄉，四位發經商。
時師不識挨星學，只作天心摸，
東邊財穀引歸西，北到南方推。
老龍終日臥山中，何嘗不易逢，
止是自家眼不明，亂把山岡覓。
世人不知天機密，泄破有何益，
汝今傳得地中仙，玄空妙難言，

翻天倒地更玄玄，大卦不易傳，
更有收山出殺訣，亦兼為汝說，
相逢大地能幾人，個個是知心，
若還求地不種德，隱口深藏舌。

《天玉經》

外篇

卦號玄空理最幽，乾坤艮巽問踪由，坎離震兌分天地，五行更在位中求。第一天寶經最妙，第二要看龍子經，第三一經名玄女，第四寶照經為名。

乾丙乙與子寅辰，六位排來俱屬金。艮庚丁與卯巳丑，六位屬水由人數，以上數者盡屬陽，陽山陽水始相當。坤壬辛與午申戌，六位屬木無人識。巽甲癸與亥酉未，六位屬火君須記。以上數者盡為陰，陰山陰水正相應。此是陰陽天地卦，五行之內號四經，不破旺方財祿聚，流破生方損少丁，長生位上黃泉是，干化之年定見刑，此是九天真口訣，勿得輕傳薄行人。

一龍金位家富貴，百子千孫位。
二龍行來到本鄉，外保置田莊。
三龍行從本位去，金玉家無數。
四龍行位到火中，富貴出三公。

正神山上水交值，百子千孫出。零神前來水上交，富貴出官僚，零神正神相交著，兒孫遭跌薄，正神百步始成龍，水短便遭凶，零神不問長和短，凶吉不同斷，每見時師錯用心，便謂來主真，若將入首為端的，陰陽何處覓，側取過龍來作主，真龍卻無取，須要真龍來勢真，錯認誤殺人。

五行若水剋向上，百子千孫旺，

遇向若然行兩神，代代富無貧。

一龍生處有三龍，世代富無窮，更知三是五行主，本身原屬土，水重一土在五行，生旺墓同情，三龍三個人家富，銀瓶多盞筋，三龍位上若當凶，三子絕根宗，四龍得位人肥滿，開庫有錢典。

財水財山財易發，七通並八達，資財巨富出聰明，只是少人丁，且要順龍順水去，人才從此至，順龍來去子孫昌，代代足衣粮。

排山排向明堂水，折盡諸道理，小心但看四龍經，一經各一名。五行無根水上折，時師那會得，放水與山同路行，世代坐專城。

子寅辰與乾丙乙，長子真端的，午申戌與坤壬辛，次男此位真，卯巳丑與艮庚丁，三男從此分，酉亥未與巽甲癸，四男當其位。第一摺水長房折。乾丙更要乙，第二折水二男情，坤辛壬同行。第三折水三男位，艮庚丁吉利。

第四折水四男宮，巽甲癸妙若無四男還歸長，仔細分明講，一龍行宮水口去。
兒孫多不吉。龍行位遠主離鄉，水位卻無妨，二龍先行一龍上，內反家抱養，
二折行二見真龍，白手置田豐，三龍先行一龍上，入舍抱養。四龍行位不分明，
父子絕人丁。

金木水火各一宮，生命亦不同，
查得四行合生命，自然發福盛。
干支二水要相依，更把天星卦例推，震宮長男邀福應，兌宮少位吉凶知，
中宮離坎從天定，子息排來卻位移。
金木水火四龍位，生剋無窮極。
相生為吉，相剋為凶，禍福在其中。
金到火宮人死絕，火入金官定損妻，
金火相刑人自縊，縱然不縊也相離。
子寅辰並乾丙乙，切忌巽水出。午申戌與坤辛壬，乾水破長生。卯巳
丑及艮庚丁，坤水要留停，酉亥未兼巽甲癸，艮水下宜去。
庚丁坤上是黃泉，乙丙須防巽水先，

甲癸向中憂見艮，辛壬水路怕當乾。
卯辰巳午怕巽官，午未申酉坤莫途，
酉戌亥子當乾是，子丑寅卯艮水凶。
辛入乾官百萬莊，癸歸艮位發文章，
乙向巽流清富貴，丁坤終是萬斯箱。
更有一神難為說，時師會不得。辰山戌向龍山辰，驚動世間人。寅歸甲水乙歸巽，長流為闕寅。為虎仔細尋，根取巽丙正為闕，代代無煩惱。卯山辛向水為乾，富貴出官員。金遇戌為鐵，火向未申絕，木辰枝葉枯，水上丑寅滅。

《天玉經》全文完

後序

相傳，風水分相法（即觀風水）與做法（即下葬或建宅）兩種方法，相法可以講是千變萬化，可以用到每一種星術來相風水，如：奇門，星相六壬、四柱、納甲，龜卜等方術都可以用來相風水的吉凶，可配以風水固定的斷條的外應來判斷，主要有經驗就能斷的較神奇，相比起那些風水固定的斷條準得多，也神奇得多。大家學習斷風水的吉凶，不要誤以為有什麼秘訣可依的，秘訣其實僅僅是方法的一種，最重要依靠的還是自己的寶貴經驗，學相風水，大家可以從自己最擅長的方術入手，如自己對金口訣最精，就從金口訣入手，得出卦象，配合風水本身的外應，先粗後細，一一作較量，大膽推斷，事後求證，再來做總結，初入門者可以從自己身邊的朋友、親人的陽宅與墳墓開始，佈出卦象再配合風水固定的斷條來作對證，總的是要不斷總結經驗，到了一定的程度，就可以說是達到精斷風水了，這一過程是需要花上一定的時間與精力，以往師父要求這一步是五年到七年的時間，現實來講也最少有三年到五年的時間才能做到，這一步最重要是做到實之以行。歸一，一法精論，對於那些閉門修書，東學點，西學點的風水者，到頭總是雜亂無成，還不如不學。

風水中的做法，是比較專業的地師用來修建家宅與山墳所用的方法，所依靠的理論是鐵定的，即所稱的秘訣。這做法秘訣是從哪裡來的，第一主要是靠祖上流傳而來，與從相法演變過來的，就是寶貴的實踐經驗，以往的地師絕大多數是祖傳的，主要依靠祖傳口訣來做風水，如此數代所建的山墳與陽宅無數，但能做到百不失二，三個，只有這樣，才能成為一位地師，現在如何才能過渡成為一位地師，一般習風水者相風水還可以，但要給人做風水，沒有專一的實用理論是不行的。現在風水門派很多，而且是真的不經傳，一般雜亂的理論較多，有的也是深奧難明，這個問題也是每一位地師必要經歷的，就是行驗證的過程。青囊經云：「請驗一家舊墳，十墳埋下九墳貧，惟有一墳能發福，去水來山盡合清」，天玉經云：不識宗枝但亂傳，開口莫胡言，若還不信此經文，但覆古人墳。祖師都講，所傳授的口訣，都要通過檢驗才為真訣，不通過驗證的都是偽訣，自己習風水主要的是過渡是驗證，當自己行習相風水有一定程度，有能熟讀、青囊、天玉經文訣，一般都不能真解其意的，通過驗證就能把部分的口訣解開，一理通百理明，古代留下的名墳，名宅都是前人留給後人的最好秘訣，在每個地方都有不少的名墳與名宅，先把這些名墳的坐向與分金度、來水、去水、山峰、水塘、來路、去路等一一列明，做一個完整的圖，還要熟記週圍的環境，最好集齊二十四坐山的名墳圖，每一座山要集三圖以上，再收集一些新的名墳圖，每一圖都要詳細研究抓出重點，再與其它的名墳圖作比較，再抓出共同點，最好配合自己學過的風水訣，一一做對證，能貫通的為真訣，其它都是偽訣，去偽留真，有了歸一的真訣後，就可以做風水，成為地師。從入門再到複雜繁瑣的口訣後，再一一對證，到去偽留真，由簡單到複雜再回到簡單是每位風水師必經的過程，要完成相風水到做風水這過程最少也要八年到十五年的時間，沒有通過驗證過程，千萬不要輕信自己學到的一定是真訣，也不要用未驗證的風水訣去為人做風水，以免害人害己。

入門起，主要是看形，即巒頭派理論，形都是在天成象，落地成形，形總是在千變萬化，如魚如虎、馬、兔、雞、蛇、花、人等，這些玄機藏在神，通到心，得至在緣，玄機即福穴藏在山，地師通眼開，積德的人得之，一般穴位都是建成後，人人都看出是什麼玄機，但藏在山時，千千萬萬人走過，有誰能會其意，福地必是有緣人得之，地師時時為人相地，但在同一座山斗上，請觀風水的人因福德不同，地師也有不同的穴位出現眼前，有時地穴是福德人到，才現形的，即現形出眼處為真，形法章是會神、通心、開眼。

斷風水本人主要是依先後天八卦神斷與一些外應來斷風水的百凶，斷近幾年的風水也用到運卦法，特別是陽宅，用運卦法較好，但斷陰宅時因環境不斷變化，所歷的時間較長，斷時沒環境的外應，很難斷準。陰宅以先後天八卦神斷來作粗斷，先看是何五行局，再看父母、賭方，如此兩方好，再合玄關訣，肯定此墳發福。如斷代數，看何代人好，就要用斗秘訣，我本人斷風水主要是以五行局為主，配合玄關訣，斗秘訣石碑與墳週圍的草木來作外應去推斷風水言凶，這是本人看風水的組合。每人都可以配合出自己斷風水的組合。

做風水，本人第一步是點穴，先根據形理點出合適的穴位，再看玄關訣是否合，再看斗秘法的顛倒訣，即穴前的水是流出還是流進。如合，就擇取些子日下葬，再根據週圍環境作一點調整，如一方有缺，再做一些修補，這是本人做風水的一般組合。特別組合是，點出穴位後，再作地眼氣的驗證，再配合斗秘訣的折水，次配玄關，再以天星擇日配合些子日來造葬，這樣修一個山墳最少要用半年以上才能完成。

以上是本人入門到驗證，再到實際做風水的整個過程，都一一群列出來，讓後學者作一點引證。今已把本門祖師傳下的口訣與自己行風水的經過與經驗都毫無保留地公諸於世，最終目的是讓風水更好造福後世。

廣東廖民生
辛巳年春

易學・術數・養生・太極拳　課程

易學、易占	實用象數易六爻占卜基礎、進階	愚人老師（《增刪卜易之六爻古今分析》作者）	本課程介紹象數易六爻占卜基礎。深入淺出。除理論外，配以六爻占卜實際操作及解卦方法。
	六爻入門、深造、《增刪卜易》理論研討	李凡丁老師（《全本校註增刪卜易》作者）	以《增刪卜易》為經，民間六爻為緯，分易占思維、基礎點竅、事理取用、卦爻結構、作用順序、象法初階等幾方面進行講解。首次公開六爻『流動、卦陣、虛實』三大理論
八字命理	峨眉宗八字命理學及修煉用神（改善運程）	峨眉臨濟宗掌門傳偉中老師指定導師	快速準確掌握八字用神。不單可以通過八字命理「知命」，更可以通過峨眉臨濟宗傳承的獨有修煉用神方法改善運程。
紫微斗數	紫微斗數初班	潘國森老師（《斗數詳批蔣介石》、《潘國森斗數教程》系列作者）	• 簡介陰陽五行、星命學、曆法。 • 斗數基礎與局限。命盤十二宮。 • 十四正曜，十四助曜，十干四化，八十雜曜等性質。 • 命格、大運、流年。名人命例。
	紫微斗數高班		十四正曜性質之變化，南北斗中天主星之性質。命身宮與格局，大運流年影響。六親宮位的推斷原則。一百四十四格與十干四化之交涉。以名人命例作教材。並指導學員撰寫簡單批書。
風水	廖氏家傳玄命風水學面授課程（入門班、中級班、高級班）	江西廖氏家傳玄命風水三十七代傳人廖民生老師	本課程系統教授江西興國三僚廖氏過去單傳的風水，包括形勢（巒頭）、理氣的不同用法：〈玄關訣〉、〈斗秘訣〉、〈此子訣〉、〈三陽六秀訣〉、〈三合訣〉、〈楊公鎮山訣〉、〈小玄空訣〉、〈大玄空訣〉……以及擇日等；準確率高達96% 以上。
	玄空風水實用初班	李泗達老師（《玄空風水心得》（一）（二）作者）	科學設計課程，深入淺出，一針見血，快速有效。風水基本知識、室內外巒頭、常見風水煞及化解法、元運、量天尺、排山掌訣、玄空飛星盤、四大格局初探、五行擇日、九星初探、簡易斷事、流年風水佈局
	玄空風水高級課程		四大格局精義、合十格局、反伏吟、三般卦、七星打劫、城門訣、兼卦、流年催財訣、流年催桃花訣、流年催官訣

養生	峨眉十二莊養生功	峨眉臨濟宗掌門傳偉中老師指定導師	博大精深、融匯中醫、氣功、武學、禪修等功法，千錘百鍊，由淺入深。十二莊分別稱為『天、地、之、心、龍、鶴、風、雲、大、小、幽、明（冥）。』十二莊還分為文武兩勢和大小煉形法，根據人身經絡氣脈的順暢程度，運用不同的架勢方法進行鍛煉。益處包括：強健機能，保持悅樂。對各種慢性疾病具有神奇的療理保健作用。習武練功者可迅速加深功境。堅持修煉，可證禪無我境界，身心離苦，得生活藝術大自在。
太極拳、太極內功	汪永泉楊氏太極拳（老六路）內功、行功與揉手	汪永泉傳楊氏太極拳研究會會長	太極拳內練的功法。過去多是秘傳，知者甚少。根據楊建侯宗師再傳弟子汪永泉先生傳承的講法『內功太極拳（老六路）』，其獨特之處，不僅在招式，當中有動有靜，著重內功。根據行者的年齡、身體情況、練習招或術、養生或技擊等，姿勢可以大或小，高或低，快或慢……太極拳本無特定之招式，為教學之故，非不得已通過招式、套路、推手（揉手）、器械等去掌握內功與外形的配合、陰陽動靜等。』

報名、查詢：心一堂

電話：（八五二）六七一五〇八四〇
地址：香港九龍旺角西洋菜街南街5號 好望角大廈1003室
電郵：sunyatabook@gmail.com
網址：http://institute.sunyata.cc
Facebook：www.facebook.com/sunyatabook

心一堂術數古籍珍本叢刊　第一輯書目

占筮類			
1	擲地金聲搜精秘訣	心一堂編	沈氏研易樓藏稀見易占秘鈔本
2	卜易拆字秘傳百日通	心一堂編	
3	易占陽宅六十四卦秘斷	心一堂編	火珠林占陽宅風水秘鈔本
星命類			
4	斗數宣微	【民國】王裁珊	民初最重要斗數著述之一；未刪改本
5	斗數觀測錄	【民國】王裁珊	失傳民初斗數重要著作
6	《地星會源》《斗數綱要》合刊	心一堂編	失傳的第三種飛星斗數
7	《斗數秘鈔》《紫微斗數之捷徑》合刊	心一堂編	珍稀「紫微斗數」舊鈔秘本
8	斗數演例	心一堂編	
9	紫微斗數全書（清初刻原本）	題【宋】陳希夷	斗數全書本來面目；有別於錯誤極多的坊本
10－12	鐵板神數（清刻足本）——附秘鈔密碼表	題【宋】邵雍	無錯漏原版　秘鈔密碼表　首次公開！
13－15	蠢子數纏度	題【宋】邵雍	蠢子數連密碼表　打破數百年秘傳　首次公開！
16－19	皇極數	題【宋】邵雍	清鈔孤本附起例及完整密碼表　研究神數必讀！
20－21	邵夫子先天神數	題【宋】邵雍	附手鈔密碼表　研究神數必讀！
22	八刻分經定數（密碼表）	題【宋】邵雍	皇極數另一版本；附手鈔密碼表
23	新命理探原	【民國】袁樹珊	子平命理必讀教科書！
24－25	袁氏命譜	【民國】袁樹珊	民初二大命理家南袁北韋
26	韋氏命學講義	【民國】韋千里	
27	千里命稿	【民國】韋千里	北韋之命理經典
28	精選命理約言	【民國】韋千里	
29	滴天髓闡微——附李雨田命理初學捷徑	【民國】袁樹珊、李雨田	命理經典未刪改足本
30	段氏白話命學綱要	【民國】段方	民初命理經典最淺白易懂
31	命理用神精華	【民國】王心田	學命理者之寶鏡

32	命學採驪集	【民國】張巢雲	發前人所未發 稀見民初子平命理著作
33	澹園命談	【民國】高澹園	
34	算命一讀通——鴻福齊天	【民國】不空居士、覺先居士合纂	
35	子平玄理	【民國】施惕君	
36	星命風水秘傳百日通	心一堂編	
37	命理大四字金前定	題【晉】鬼谷子王詡	源自元代算命術
38	命理斷語義理源深	心一堂編	稀見清代批命斷語及活套
39－40	文武星案	【明】陸位	失傳四百年《張果星宗》姊妹篇 千多星盤命例　研究命學必備
相術類			
41	新相人學講義	【民國】楊叔和	失傳民初白話文相術書
42	手相學淺說	【民國】黃龍	民初中西結合手相學經典
43	大清相法	心一堂編	重現失傳經典相書
44	相法易知	心一堂編	
45	相法秘傳百日通	心一堂編	
堪輿類			
46	靈城精義箋	【清】沈竹礽	沈氏玄空遺珍 玄空風水必讀
47	地理辨正抉要	【清】沈竹礽	
48	《玄空古義四種通釋》《地理疑義答問》合刊	沈瓞民	
49	《沈氏玄空吹虀室雜存》《玄空捷訣》合刊	【民國】申聽禪	
50	漢鏡齋堪輿小識	【民國】查國珍、沈瓞民	
51	堪輿一覽	【清】孫竹田	失傳已久的無常派玄空經典
52	章仲山挨星秘訣（修定版）	【清】章仲山	章仲山無常派玄空珍秘 門內秘本首次公開 沈竹礽等大師尋覓一生未得之珍本！
53	臨穴指南	【清】章仲山	
54	章仲山宅案附無常派玄空秘要	心一堂編	
55	地理辨正補	【清】朱小鶴	玄空六派蘇州派代表作
56	陽宅覺元氏新書	【清】元祝垚	簡易・有效・神驗之玄空陽宅法
57	地學鐵骨秘　附　吳師青藏命理大易數	【民國】吳師青	釋玄空廣東派地學之秘
58－61	四秘全書十二種（清刻原本）	【清】尹一勺	玄空湘楚派經典本來面目 有別於錯誤極多的坊本

62	地理辨正補註 附 元空秘旨 天元五歌 玄空精髓 心法秘訣等數種合刊	【民國】胡仲言	貫通易理、巒頭、三元、三合、天星、中醫
63	地理辨正自解	【清】李思白	公開玄空家「分率尺、工部尺、量天尺」之秘
64	許氏地理辨正釋義	【民國】許錦灝	民國易學名家黃元炳力薦
65	地理辨正天玉經內傳要訣圖解	【清】程懷榮	秘訣一語道破，圖文并茂
66	謝氏地理書	【民國】謝復	玄空體用兼備、深入淺出
67	論山水元運易理斷驗、三元氣運說附紫白訣等五種合刊	【宋】吳景鸞等	失傳古本《玄空秘旨》《紫白訣》
68	星卦奧義圖訣	【清】施安仁	
69	三元地學秘傳	【清】何文源	
70	三元玄空挨星四十八局圖說	心一堂編	三元玄空門內秘笈 清鈔孤本 過去均為必須守秘不能公開秘密 與今天流行飛星法不同
71	三元挨星秘訣仙傳	心一堂編	
72	三元地理正傳	心一堂編	
73	三元天心正運	心一堂編	
74	元空紫白陽宅秘旨	心一堂編	
75	玄空挨星秘圖 附 堪輿指迷	心一堂編	
76	姚氏地理辨正圖說 附 地理九星并挨星真訣全圖 秘傳河圖精義等數種合刊	【清】姚文田等	
77	元空法鑑批點本——附 法鑑口授訣要、秘傳玄空三鑑奧義匯鈔 合刊	【清】曾懷玉等	蓮池心法 玄空六法門內秘鈔本首次公開
78	元空法鑑心法	【清】曾懷玉等	
79	蔣徒傳天玉經補註	【清】項木林、曾懷玉	
80	地理學新義	【民國】俞仁宇撰	
81	地理辨正揭隱（足本） 附連城派秘鈔口訣	【民國】王邈達	揭開連城派風水之秘
82	趙連城傳地理秘訣附雪庵和尚字字金	【明】趙連城	
83	趙連城秘傳楊公地理真訣	【明】趙連城	
84	地理法門全書	仗溪子、芝罘子	巒頭風水，內容簡核、深入淺出
85	地理方外別傳	【清】熙齋上人	巒頭形勢、「望氣」「鑑神」
86	地理輯要	【清】余鵬	集地理經典之精要
87	地理秘珍	【清】錫九氏	巒頭、三合天星，圖文並茂
88	《羅經舉要》附《附三合天機秘訣》	【清】賈長吉	清鈔孤本羅經、三合訣法圖解
89－90	嚴陵張九儀增釋地理琢玉斧巒	【清】張九儀	清初三合風水名家張九儀經典清刻原本！

編號	書名	作者	備註
91	地學形勢摘要	心一堂編	形家秘鈔珍本
92	《平洋地理入門》《巒頭圖解》合刊	【清】盧崇台	平洋水法、形家秘本
93	《鑒水極玄經》《秘授水法》合刊	【唐】司馬頭陀、【清】鮑湘襟	千古之秘，不可妄傳匪人
94	平洋地理闡秘	心一堂編	雲間三元平洋形法秘鈔珍本
95	地經圖說	【清】余九皋	形勢理氣、精繪圖文
96	司馬頭陀地鉗	【唐】司馬頭陀	流傳極稀《地鉗》
97	欽天監地理醒世切要辨論	【清】欽天監	公開清代皇室御用風水真本
三式類			
98－99	大六壬尋源二種	【清】張純照	六壬入門、占課指南
100	六壬教科六壬鑰	【民國】蔣問天	由淺入深，首尾悉備
101	壬課總訣	心一堂編	過去術家不外傳的珍稀六壬術秘鈔本
102	六壬秘斷	心一堂編	
103	大六壬類闡	心一堂編	
104	六壬秘笈——韋千里占卜講義	【民國】韋千里	六壬入門必備
105	壬學述古	【民國】曹仁麟	依法占之，「無不神驗」
106	奇門揭要	心一堂編	集「法奇門」、「術奇門」精要
107	奇門行軍要略	【清】劉文瀾	條理清晰、簡明易用
108	奇門大宗直旨	劉毗	
109	奇門三奇干支神應	馮繼明	天下孤本　首次公開
110	奇門仙機	題【漢】張子房	虛白盧藏本《秘藏遁甲天機》
111	奇門心法秘纂	題【漢】韓信（淮陰侯）	奇門不傳之秘　應驗如神
112	奇門廬中闡秘	題【三國】諸葛武候註	
選擇類			
113－114	儀度六壬選日要訣	【清】張九儀	清初三合風水名家張九儀擇日秘傳
115	天元選擇辨正	【清】一園主人	釋蔣大鴻天元選擇法
其他類			
116	述卜筮星相學	【民國】袁樹珊	民初二大命理家南袁北韋
117－120	中國歷代卜人傳	【民國】袁樹珊	南袁之術數經典